復刻新装版

ランニング

金栗四三

解説 増田明美

はじめに――復刊にあたって

日本マラソン界の発展に大きく寄与し、日本における「マラソンの父」と称される、金栗四三。2019年NHK大河ドラマ「いだてん」の前半部分の主人公として、全国的に知られるようになりました。ランナーとしてはもちろん、指導者としても活躍しましたが、著書があることはあまり知られていません。

現役ランナーだった1916年（大正5年）、金栗が25歳の時に本書の原書となった『ランニング』（菊屋出版部）が刊行されました。原書は短距離ランナー明石和衛との共著となっており、長距離走の部分を金栗、短距離走の部分を明石がそれぞれ執筆しています。

このうち本書では、金栗が執筆した長距離走の部分を「新装復刻版」として復刊しました。原書は旧字体、旧仮名づかいで書かれていますが、復刊にあたり、文体を損なわない範囲で、新字体、現代仮名づかいに改め、編集部で中見出しを加えました。

原書の「はじめに」にあたる「緒言」には、「あてどなくやっている人が熱心努力の結果、上達進歩しても、その方法なり、注意なりについて自己の意見を発表し、書き残すことをしないので、その人が亡くなればその後は、もとのもくあみ。また新たに工夫せねばならないという傾向であった。誠に遺憾千万ではないか。（中略）ここに吾人は大いに感じるところあり、不肖を顧みず、これら各種の競技に関して要略だけを書くことにした。」と刊行の意図が書かれています。

自身の上達だけでなく、後進への期待と日本陸上界の発展への強い思いが伝わってきます。読者の皆様にその思いを伝えることも、復刊の狙いです。

また、現代の長距離走との比較や、同じ長距離ランナーの視点から、女子マラソンの第一人者である増田明美さんに解説（増田ノート）をお願いしました。

刊行にあたり、復刊を快諾くださったご遺族の皆様、協力くださった玉名市役所金栗四三PR推進室の皆様、その他関係者の皆様に感謝申し上げます。

時事通信出版局　編集部

指導者もいない、学ぶべき本もない。そんな状況で1912年（明治45年）ストックホルムオリンピックのマラソンを走った金栗四三さん。箱根駅伝をつくった方、日本で最初のオリンピック選手ということは、マラソン・駅伝ファンなら知っているでしょう。でも、こんな本を書いていらっしゃったんですね。

しかも金栗さんが24～25歳の時に書いたのです。自分のことで精一杯の年代に、これからの日本の陸上界のことを真剣に考えていたことが、すごいです！

スポーツ医科学なんて全くない時代。競技者である金栗さん自らが国際大会で感じたこと、自分の体を実験台にして得た教訓などをもとに書かれています。「ランニングの指導」という真っ白い紙に、経験という墨汁をたっぷり染み込ませ大胆に。自由な筆使いは前衛芸術のようだったかもしれません。

さて、約100年の時を経て、この本が蘇ります。果たして現代のランナーの参考になるのでしょうか？　時代遅れの、昔を懐かしむ本でしょうか？

いや、きっとこの本は人生の走り方をも教えてくれます！

増田明美

ランニング　目次

増田ノート

総論

一、心身と駈歩との関係

小岩となりたくない。大岩になりたい

精神一到何事か成らざらん、と古人は言っている。今もその通りに、薄志弱行の徒は何事も成し得ない。実にこの確固不抜の精神こそ吾人《ごじん》※の一大宝である。財宝や高位高官をも何物ぞと言いたい。この精神が国民の脳裏に浸潤していればその国は富強となり、そうでなければ富強の国も漸次※に衰えるに至るのである。

吾人青年はこの精神を錬り鍛え上げることをせねばならない。ことにわが国現時の状態にては痛切に感じるのである。

さてただ走るにもこの精神の確固たるを要すること大である。数年の努

吾人
われわれ

漸次
次第に。だんだん

聳立
そびえたつこと

尠少
非常に少ないこと

駈歩
乗馬の用語で英語ではキャンター。駈歩の速度がさらに増した走法が競馬の襲歩（ギャロップ）になる。人間に置き換えると、「かけあし」となる。「駈」は速く走ることを、「歩」は歩くこと。二つの言葉が重なった「駈歩」は、幅広い意味

力、研究、この間練習もするし、また競走もする。勝つこともあって喜ぶ、また負けることもあって悲しむ。なかなか変化が多い。しかしこの変化の中にあって、ちょうど大岩が聳立《しょうりつ》※して不動の姿勢を取っているようにある人は甚だ尠少《せんしょう》※である。大部は小岩のごとく、風雨に遭遇すると、破壊し転げ落ちて、その後を止めない。吾人はこの小岩となりたくない。この大岩となりたい。

さて長距離の駈歩《くほ》※で、もちろん不抜の精神は必要であるが、多少両者間に必要の差異はある。すなわち長距離の方が短距離よりも、この苦痛に耐える我慢力がより必要で、その反対に、短距離は長距離をやる人よりも体躯偉大、発育完全なるを要するのである。

理論上からもこの区別は証明されるが、実際競走をして、その優勝者を見てもまた実証がほぼできる。

すなわち割合に体躯の偉大な人が、短距離には勝っている。わが国では、古くは藤井実※、近くは三島弥彦※、明石和衛※氏のごときである。藤井、三

では徒歩から全力疾走までを指すものと推察される。金栗の書には「駈走」という言葉も使われており、これはジョギングから全力疾走までを指している。

藤井実（ふじい・みのる）明治時代の陸上男子短距離選手。東京帝国大学在学中の1902年の東京帝大運動会に出場し、100mで10秒24を記録した。当時の身長が179cm、体重は71kg。大学卒業後は外交官。

三島弥彦（みしま・やひこ）明治～昭和時代の陸上男子短距離選手。1912年の第5回ストックホルム五輪（スウェーデン）に金栗四三とともに2人が日本選手として初めて五輪に参加。170cmを超える長身だった。

島両氏は五尺八寸以上、体重もそれ相応にあって、まず日本人としては、第一流の体格である。

西洋人が五年練習するなら、日本人は七、八年

西洋人にしてもしかりで距離の短いほど、この体格は全く偉大である。先年のストックホルムの国際オリンピックゲーム※でも、百、二百米《メートル》くらいの選手は実に偉大で、その体格美は見事で、さすがのわが三島氏も彼らの仲間ではおそらく、最後に近かったのである。

また実際その時勝った米国合衆国選手※のごとき、それは見事な体躯を持っていた。短距離は一時的に全精力を出さねばならないから矮小な体躯では無理であるからこれまで五回の国際オリンピックゲームにおいても大体において、短距離は体躯の偉大な奴が勝っている。

もちろん偉大ではない人で素晴らしく早い人もあるが、これは例外であ

明石和衛（あかし・かずえ）
明治〜昭和時代の陸上男子短距離選手。東京帝国大学在学中の１９１３年の第１回日本陸上選手権１００ｍを12秒４で制し、翌年の第２回大会も12秒１で優勝し２連覇を果たした。

ストックホルムの国際オリンピックゲーム
１９１２年にスウェーデンのストックホルムで開催された第５回夏季五輪大会。日本が初めて参加した五輪大会。15競技１０２種目が実施され、28カ国・地域から２４３７選手が参加した。

勝った米国合衆国選手
ラルフ・クレイグ。米国の陸上短距離選手。ストックホルム五輪の男子１００ｍ、２００ｍ

る。しからば短距離では体格が第一であるが、また堅忍不抜《けんにんふばつ》※歩一歩《ほいっぽ》※研究的練習をすることも必要である。

しからばわが日本人は、体格においてどうしても彼ら、西洋人に及ばない。少なくとも吾人の代では及ばない。数代もかかって、体格も精神も優秀なる男女が結婚し、子孫を残したならばあるいは多少は、現今のわれわれよりも、進歩するに相違ないけれども、これは吾人は見ることはできない。

故に吾人は、西洋人と短距離を競走するにおいては非常の損失をしているから、彼ら以上の努力と工夫をせねばならない。すなわち、年月においても彼らが五年練習するなら、われわれは、七、八年、また彼らの練習方法より以上のものを工夫研究して、いわゆる日本人に最も適したものを案出せねばならない。

そうすればいかに西洋人が今威張っていても、決してわれわれは心配する必要はない。必ずあんな小兵の日本人が、こうも早く走れるかなと、世界の人々を驚嘆させることができる。

で優勝し2冠に輝いた。100mが10秒8、200mは21秒7だった。身長182cm、体重73kg。

堅忍不抜
どんなにつらいことがあっても耐え忍んで心を動かさないこと

歩一歩
一歩一歩進むさま

しかしこれまでには、非常な苦心がいる。数人の練習者では到底いかない。全国民のうちから選抜して、速いのを出してその多くの人々に長年月練習させていれば、そのうちから一人か二人は素晴らしい速い人が出てくる。

これまでやらねば、安心して彼らと競走はできない。決して慌てず、歩一歩、練習工夫の歩を進めて少なくとも五、六年以上の日子《にっし》※をかける遠大な決心が最も大切である。同好の人々どうか、この考えで、負けても意とせず勝っても誇らずわが敵は東洋人にあらず。かの西洋人だというつもりで堅忍《けんにん》持久《じきゅう》※、あっぱれの努力をし、そうして功名を挙げられたい。

これに反して長距離はその体格の堂々偉大なるを望まない。これよりも苦痛を忍び、我慢の強い人でなければならない。

日子
日数

堅忍持久
つらさや苦しさに耐え、我慢強くもちこたえること

増田ノート

「心身と駈歩との関係」について①

「体格も精神も優秀なる男女が結婚し…」と、何世代か先では日本人の体格も進歩すると先を見ていたのですね。金栗さんは170㎝位あったそうですから、当時としては背が高かったはず。日本全体の強化を考えての考察なんですね。

私も現役時代（1980年代）、瀬古利彦さんに「日本マラソン界の将来のためにタンザニアのイカンガー（瀬古さんのライバル）と結婚しろ」と冗談で言われたことがあるんですよ。今じゃアウトな発言ですよね！

2000年代に入り、背の高いマラソンランナーも増えました。女子マラソンの世界記録保持者ポーラ・ラドクリフさん（英国）は173㎝。彼女は引退後、メディアの仕事をしているので、世界選手権やオリンピックのメディア席で近くにいることが多いんです。スラリとして美人でモデルさんみたい。

短距離はもっとすごくて、ウサイン・ボルトさんは195㎝！100mの世界記録（9秒58）の時は41歩で駆け抜けています。平均2・5m弱ですが、最初は歩幅が狭いので、実は最後の方の歩幅は3mほどなんです。

数々の名ランナーを育ててきた小出義雄さんは選手の勧誘をする際に「おばあちゃんやお母さんの体型も見るよ」と話していました。持って生まれた体格は重要なんですね。

マラソンは命かけての仕事である

何しろマラソン競走などでは、距離も十里※以上、十里と言えば普通の人は一日がけである。これを三時間※くらいで走るとなると、その苦しみは、並大抵ではない。呼吸が切れると思うことが何度あるか分からない。これを我慢して走るから、ある人は卒倒する人も出てくる。いわゆる命かけての仕事である。

いくら我慢ばかり強い人でも、我慢を通す相当な体格がもちろん必要であ

十里
39・27km

三時間
1里＝3927m。「十里」は39・27kmになる。マラソンより3kmほど短い。1913年の男子マラソン世界記録は2時間36分6秒。20年の日本記録は2時間57分10秒。10年代に日本人が10里を3時間前後で走るのは、困難を極めた。

る。まず体格が普通以上であれば、我慢の強い人が、成功する。同一人についても必要の度は体力四、精神力六の比例だろう。このくらいの人が練習すれば最もよいと思う。

しかしながら、この体格について長距離に適する人は、あまり身長大なる人で、体重の多い人は損である。それよりも、小づくりの人で、肉のよく締まった人がよい。いわゆる俗に言う、中肉中背が理想的な長距離選手である。

あまり重過ぎる人や、背の高過ぎる人は、自分を運ぶにも軽い人より精力が要り、またそれ相応の筋肉がなければいくら身長があっても、運動が不十分である。それよりも体重も軽く、筋肉も締まって強健であれば、運動も自由で、疲労も少なくて済む。

実際にマラソン競走で勝つ人は、世界のレコード※によっても、身長の小で体重も軽い方である。一九〇八年にロンドンであった、第四回国際オリンピックゲーム※のマラソン優勝者のヘース※という米国人は、身長五尺※の小

レコード
記録。特に最高記録

第四回国際オリンピックゲーム
１９０８年にロンドンで開催された第４回夏季五輪大会。22競技１１０種目を実施し、22カ国・地域から２０３５選手参加。日本は不参加。総メダル数で英国が１位（１４６個）、米国が２位（47個）。

ヘース
正式にはジョニー・ヘイズ。米国の長距離選手。１９０８年ロンドン五輪男子マラソンで2時間55分18秒の２位でゴールしたが、最初にゴールした選手が失格となり金メダルを獲得。

五尺
１５１・５㎝

男であって、一般に西洋人のうちでの小男どもが、盛んに牛耳っている。
自分がストックホルムの国際オリンピックゲームのマラソン競走に参加した時、全選手が八十名近かった※。ところがこれらの選手は一般に他の百米とか四百米とかの短距離選手に比して、体格が悪い。

八十名近かった
1912年ストックホルム五輪男子マラソンには88人がエントリー。うち30人が参加（スタート）せず、22人が途中棄権。完走は36人だった。

増田ノート

「心身と駈歩との関係」について②

短距離に比べて身体的に不利であったとしても、「体力4割、精神力6割」なのがマラソンなんです。瀬古利彦さんを育てた中村清さんも「長距離は才能が3、努力が7」と話していたのを思い出します。
短距離は体格や運動センスなどの才能が占める割合が多いと思います。でも、マラソンランナーは平均的に運動オンチが多く、子どもの頃、バスケをやってもテニスをやってもダメな女子。サッカーや野球が不得意だった男子。そして陸上部に入ったけどハードル跳べない、投げるのも苦手、じゃあとにかく走るしかない。と、長距離にくるんですよ。たまに例外もいますけどね。でも苦痛に耐える我慢力が実を結ぶのです。有森裕子さんみたいにね。

私も子どもの頃は「エースをねらえ!」の岡ひろみに憧れて、中学では軟式(ソフト)テニス部に入りましたが、全く上達せず、壁打ち練習ばかり。ところが助っ人で走った町内一周駅伝大会で高校生男子をごぼう抜き。テニス部の先生は「陸上の方がいいんじゃない」、陸上部の先生は「おいで、おいで」と。

長距離は他の種目に比べて練習時間も長いし、マラソンともなると準備に半年かけることもあります。努力を継続する才能、苦しみを我慢する才能が必要です。

五輪一着は六尺の大男。観客は驚いた

ことに五尺二、三寸※の小男さえ数十人もいて、他の競技に参加する選手

五尺二、三寸
約157・6〜160・6㎝

には到底見られぬ現象で、自分はマラソン競走には、体格の選りくずどもが集まっていると思い、五尺四寸※の自分もさすがに、マラソン選手の中では、そう体格で最後の方にはならず、気丈夫《きじょうぶ》※であった。

ところがいよいよ競走してみると、第一着となったのは、この南アフリカの英領植民地の選手で、英国人種マックァーサー※という六尺※の大男、数万の観客もこれには驚いた。

それはこれまで六尺以上の人がマラソンでは勝った例がないからである。いわゆるレコード破りである。しかし第二着以下は、そんなに大男ではなく、中くらいで、マラソン式の体格であった。

かくてマラソン競走になると、中肉中背の人で、しかもうんと元気があり、我慢のある人を要するが、中短距離、すなわち一万米内外まではやはり身長もまた体重も相当にあった方がよいようである。

それは、最短距離と同じく短時間に、自分の全精力を出す必要があるから、中肉、中背くらいでは到底いかないのである。筋肉なども十分発育し、

五尺四寸
約163・6㎝

気丈夫
落ち着いていられること

英国人種マックァーサー
正式にはケネス・マッカーサー。1912年ストックホルム五輪男子マラソン金メダリスト。01年にアイルランドから南アフリカへの移民の道を選択。同五輪を2時間36分54秒(40・2㎞)で制するなど、計6度のマラソンで全て優勝。

六尺
181・8㎝

耐久力のある強い筋肉よりもよく伸縮自在な筋肉でなくてはならない。しかし中距離は最も困難なもので、体格も必要だしまた我慢、耐久力も必要でこの両者を備えていなければならない。

長距離では十分な強い筋肉。柔らかくなくともよい

長距離では筋肉の使い方も異なりその作用も自ら区分がある。短距離では筋肉も柔らかく伸縮自在で十分発育していなければならないが、長距離では、伸縮自在というよりも十分な強い筋肉で柔らかくなくてもよく、従って伸縮の自在なるを欠く傾向がある。

短距離の人は、幅跳びなどがうまいが、長距離の人は、幅跳びなどは甚だ拙い。この足の筋肉の作用がいわゆる活発であると、否とによるのである。

以上両者について述べたが、練習によって、両者を相補足することができる。すなわち、長距離でも、体格がよく、我慢の足りない人でも長い間練習

していると、いつか普通以上の我慢力ができてくる。また体力の不足の人も、我慢して練習していれば従って体格もよくなってくる。また短距離においてもほぼこれと類似した傾向がある。何を言っても、規則正しい練習と、研究とが最も大切である。

増田ノート

「心身と駈歩との関係」について③

金栗さんとの思い出話を伺いました。肥後銀行陸上部の監督、志水貢一さん。四十数年前の26歳の時に、九州一周駅伝で熊本県チームの1区に抜擢。その強化合宿か、壮行会の時かは忘れたそうですが、金栗さんに直接「体力、気力、努力だぞ」とはっぱをかけられたそうです。金栗さんは80歳を超えていましたが「気迫に身が引き締まる思いだった」と当時を振り返りました。

そんな金栗さんの教えを直接受けたのが、高橋進さん、貞永信義さん、廣島日出国さんたちです。その後、高橋さんは君原健二さんを、貞永さんは伊藤国光さん、廣島さんは宗兄弟を育てました。金栗さんの教えが脈々と日本のマラソン界に息づいているんですね。まるで駅伝みたいです。

二、飲食物

病は口から。胃や腸、歯と口を手入れせよ

吾人活動の根源は、衣食住からくる。その中でも最も重要なのは、飲食物である。武士は食わねど高楊枝、武士の高潔なことを言い表したものだが、これにはちょっと無理が含まれるところがある。よく戦場においては腹ごしらえをしてから戦を始めると言うが、空腹ではとても力も何も出るものではない。実に飲食物は大切な血液の源となるものである。

さて血液の源たる飲食物を摂取するにも、多少の注意を要する。何でも関係なく食ったり飲んだりすればよいというわけにはいかない。

あるものは適しあるものは不適当であってそれらについて選択をせねばな

らない。それで吾人の経験に基づき大体にわたって駈歩《くほ》に適する飲食物について一見してみよう。

まず飲食物について言う前に、一言したきは口胃腸等のいわゆる消化器のことである。いかに滋養があり美味な飲食物を摂取しても、これを消化すべき大切な器官に故障を生じていては、何の役にも立たない。

それで吾人はまず第一に全身の健康を図るのはもちろん、特に消化器に注意し、飲食物を摂取しても消化のできるように強壮にしておくことが必要である。これについては、第一に歯の清潔を図ること。虫歯などのできないように、食後含漱《がんそう》※しなおようじで歯間に残っているものを除去し、朝夕二度くらい歯ようじを使うのである。

これくらい清潔にしておけば、虫歯などのできる気遣いも少なく、この強健な歯で、滋養ある食べ物を十分、そしゃくして胃腸の働きを軽減してやることができる。もし虫歯でもあって、食事の時大いに苦痛を覚える人は早く治療せねばならない。

含漱　うがいをすること

次に胃や腸も強健にしておかねばならないが、これには平素暴飲暴食を避け、規則正しく食事することが第一である。時間を定めずに飲食したり、飽食したりするといかに丈夫な胃でも疲労を来して、つい病気を起こすようになる。病は口より入るとはよく言ったものである。

増田ノート

「飲食物」について①

胃腸の強さが必要という金栗さんの教え。それは選手の取材をしていると納得します。何人もの教え子に日本記録をマークさせた藤田信之監督が「うちにすごい若手がいるよ。小さい体のどこに入っちゃうんだろう」と話してくれたことがありました。2000年前後だったと思います。

北海道士別市での夏合宿中、暑い中での40㎞走を終えた日に、地元の皆さんがバーベキューを用意してくれていました。疲れて食欲のない男子選手が端っこのほうで、もやしやキャベツなどを食べている中、真ん中の台に陣取って2時間、肉を食べ続けていたのが、当時まだ無名の野口みずきさんでした！　藤田さんは「マラソンはたくさん食べられる選手じゃなきゃ走れないよ」と常々言っていました。「よく食べる選手」は将来活躍が期待できる選手なのです。

よく噛んで食べることの大切さを公認スポーツ栄養士のこばたてるみサンに伺いました。「大きな力を発揮する際には歯を強く噛みしめるため、試合中にガムを噛むアスリートの姿もみかけます。噛むことのメリットの頭文字を並べた標語が『ヒミコノハガイーゼ』。ヒ：肥満予防、ミ：味覚の発達、コ：言葉の発達、ノ：脳の発達、ハ：歯の健康、ガ：がん予防、イ：胃腸快調、ゼ：全力投球。噛み応えのあるナッツや海藻なども食べ丈夫な歯を手に入れましょう！」

そういえば私が1986年にアメリカに陸上留学した時に、練習初日に「アケミ、口を開けて」とブラジル人のコーチに言われて驚きました。そして虫歯を見つけられ、それを治療することから始まったことを思い出しました。

週に一度か二週間に一度は「腹十二分」に

すなわち胃腸の弱い人は到底駈歩のごとき激烈な運動はできるものではない。しかし鍛錬ということは吾人の心身修養上最も必要なことで時としては、無理なこともやってみねばならない。

すなわち平素は、量においても、時間においても一定している食事を胃の鍛錬のためには一週間に一度か二週間に一度くらいは、自分の腹に充満するくらい食ってみるとよい。これまでいわゆる腹八分で済ましたのを腹八分どころか、腹十二分に飲食してみる。この時の胃の驚きは話にならぬほどであろう。

このように思い切って充満するくらい食いその後は静かに座しているかあるいは暫時寝て激動してはならない。腹が少し具合がよくなったら散歩くらいをするのである。

さて次の食事は食わない方がよい。また食っても少量にするのである。こうして平安に慣れた胃腸を鍛錬してやると、彼らの作用もかえって敏活となり、少々くらいは、食べ物が固すぎてもまた不消化物でも胃が丈夫だから何の造作もなく、消化させるかあるいは無事通過させてしまうようになる。ぜひこの積極的な鍛錬法をやってみるがよい。雨降って地固まるの例もある。これで胃腸の機能が強壮となったなら、いよいよ飲食物の選択に移っていこう。

吾人が練習中や競走に際して摂取する飲食物は、容易に手に入って、しかも、安価で、おまけに滋養に富んでいるものがあればこれに越したことはない。いかに美味高価でも必ずしも、滋養に富み適当とは言えない。しかも吾人素寒貧《すかんぴん》※の書生等が練習をすることであるからますますこの条件を備えたものが探求したくなってくる。

普通に得られるのは、肉類で牛、魚、鶏、豚類でこれらは滋養もあり、何といっても相応しているから食って大いによい。しかしこれを料理する方法によって人々に好憎《こうぞう》※の差がある。

素寒貧
非常に貧乏なこと

好憎
好き嫌い

例えば、牛肉にしてもすき焼きは好きでも、油で揚げたのは、好まないとか種々あってここに一概に良否を言うことは困難である。しかし料理法も何人にもできて割合にうまいのは、すき焼きかあるいはこれらの肉を煮て食うのである。油揚げ類は、経験上後に残るようで気持ちが悪いようであるから、あまり奨励はしない。

肉類の他に卵あり、豆腐あり、共に食ってよい。この卵も、生卵がよいが、一度にせめて二つくらいがよい。多く食うと下痢を起こすようである。すなわち卵を食うなら、生卵か半熟がよく、煮たのはあまりよくない。

この他に野菜類を食う必要がある。ことに新鮮な野菜を食えば元気がついてくる。この青菜は、肉類と一緒に煮るか、または単にこればかりを煮るかあるいはゆでて、醤油でもかけて食するのである。その他の漬物も自己の好みによって食ってよい。

日本では古来朝は味噌汁が出る。これは豆から作られた滋養分もあるということで吸っても結構なことであるが、競走などの前には、少し減じた方がよいようだ。もし減じなく平素どおりとしても、競走がその日の午前中にもあったら今までの半ばくらいでやめておくがよい。経験によるところこれは、二、三時間の後までも、走っている途中に、口に出てくることがある。

これ以外の食べ物は各自勝手に好否によって、決するがよい。実はこれまで数十年間も飲食してきたものを急にやめるのは、あるいはかえって悪いかもしれない。

量のことについて一言してみる。食量も人によって差がある。しかし練習中は過量よりも普通は八、九分くらいがよい。吾人の経験するところでは常にあまり飽食していると、駈歩のために、腹を痛め、ひいては腸カタル※を起こすものである。それもそのはずで、胃腸に物が満ちていながら、激烈に動揺させるから、その活動力も減退して病を起こすのである。

腸カタル
腸のカタル性炎症。腸炎のこと。カタルはギリシア語の cata（下へ）と rhein（流れる）の合成語。大・小腸の炎症で下痢，腹痛などがある。原因は食中毒，消化不良，ウイルス感染など。小腸の炎症では発熱を伴うことが多い。下痢症状の顕著な腸炎をこう呼ぶことも。満腹の状態で走ると消化不良を起こし、腸カタルへと悪化することがある。

増田ノート

「飲食物」について②

炭水化物もミネラルもビタミンも出てきません。それもそのはず。1920年（大正9年）にやっと国（内務省）が栄養研究所を設立したのですから。

栄養学が日本で芽生え始めた時期です。管理栄養士が国家資格になったのは1962年、公認スポーツ栄養士は2008年からです。

安価で栄養価が高く、調理の手間も不要な、素寒貧アスリート向けのいい料理は？と、こばたさんに伺いました。「納豆卵キムチごはんがいいですよ。運動中の主なエネルギー源である糖質はご飯から、糖や脂質をエネルギーに変換する際に必須のビタミンB_1は納豆、B_2は卵から、B_1の働きをサポートするアリシンはキムチに含まれるニンニクから摂取することができるスーパーレシピです」。うーん、美味しそう！

では、新鮮な野菜ではどんなものがいいか、教えて！こばたさん。「はい。例えば、ほうれん草にはビタミン類（A、E、K、B_1、B_2、葉酸）が、小松菜にはミネラル（鉄やカルシウム）が豊富です。エグミの元となるシュウ酸が多いほうれん草は下茹でを要しますが、アクの少ない小松菜はそのまま調理に使えますよ」。いやいや、栄養学は奥が深いです。

酒席では男らしく飲まない。真の勇気が必要である

だが前述の時には鍛錬的に食わねばならない。なお食量も、走るすぐ前の食事で少し減じておけば他の二食事の時には致し方ない時は食うも差し支えはない。

次に飲料について見ると、走れば汗が盛んに出るから、湯水を飲むもよい。しかしこれに酒類、たばこや、食べ物でも刺激分のあるのは、厳禁せねばならない。酒類を飲むと一時は興奮して元気が出たような心地がするが、このため心臓に影響しかえって心身の疲労を来しもしその翌日頃走ってみると直ちに呼吸が苦しく足が重く、なるほど酒は悪いと合点ができる。

酒たばこその他の刺激性の飲食物は摂取せぬようにするのが一番よい。それで酒などを飲む会合などに出席しても、男らしく飲まないようにするのがよい。多少好きな人は、人から強いられてみると、初めは辞退しているが、好きなものとてつい一口飲む、一口が二口となって酔うまでに至りせっかくの駈歩の練習も、一席の酒飲み会で破壊されてしまうようになる。かかる場合に真の勇気が必要である。

吾人が苦しんで心身の鍛錬をやるのも、少にしてはかかることまで悪いと思うことはやらないという節制をなすためであって大事に当たって、困苦艱難《こんくかんなん》※に耐えるばかりでは何にもならない。

この他よく飲むものでは、牛乳がある。牛乳も飲んで差し支えはないが、駈歩には、奨励すべきものではないが走って汗でも出てから冷たい牛乳でも飲めばよい気持ちとなるから、一杯飲む人もあるから全然やめよとは言わない。好きな人は一日に一合※くらいは飲むのも可というくらいにしたい。

吾人が駈歩をやっていると、自然に何か糖分を欲することがある。蒸し菓

困苦艱難　困難にあって苦しみ悩むこと

一合　180ml

子でも食いたいと思うことがある。こうした欲求が起こった時は、砂糖水を飲むか、あるいは菓子でも二つ三つ食うがよい。しかし度を過ぎてはならない。度を過ぎると胃を害するようになる。吾人の経験によると疲労した時など、砂糖分のあるものを食うと一時的かは知らないが元気が出る心地がする。実際このために元気が出るのであろう。

増田ノート

「飲食物」について③

「酒は悪い」と、ハッキリ言っていますね。この言葉、君原健二さん達後輩は聞いていたのでしょうかね。私の知る限り、マラソン男子でたばこを吸う人はいませんが、酒はよく飲みます。君原健二さんの時代は「ただ日本記録を出しても凄いとは言われなかった。前の晩に一升飲んで…となると、ホォーという感じだった」と君原さんは話します。宗さんと一緒に練習した時も、40km走で最後の給水を取らないんです。なぜなのか聞くと「練習後にビールを美味しく飲むためだよ」と、満面の笑み。マラソン選手は平均的に内臓が強いのだと思いますが、お酒を飲まなかったら君原さんも瀬古さんも宗兄弟達も、さらに活躍できたかも。

氷水は酒などと同じく絶対に飲まない

夏季九十度※にも温度が上昇してくると、ただでさえ水分を欲し、その水分でも生温かい水では承知ができず、氷などを用いるのであるが氷は少しくらいは用いてもよいが、用いない方がよい。ことに氷水などを毎日、五、六杯ずつも飲むならば、胃の働きが鈍ってきて、その当時は、故障がないかもしれないが、練習をしている間に心身の疲労を来してくるから、吾人は氷水などは酒などと同じく絶対に飲まない方を希望する。これよりも多少ぬるくても、真水かあるいは冷湯を用いる方がよい。

九十度
華氏90度のこと。摂氏32・2度。「摂氏」は日本で使われている温度の単位で、「華氏」は米国や英国などの英語圏で使われている温度の単位。この書では華氏で温度数値を記している。

この飲料を用いる時間であるが、食事の際飲むのがよいかというと、食事の際はなるべく、用いないようにしたい。それは駈歩で胃腸を激動させて、疲れている時分に、食べ物を消化する働きをせねばならないのは、胃にとっては、迷惑かもしれない。

かの水分を同時に摂取することになると大切な胃液が薄められて消化作用が困難になって、せっかくの滋養分も、そのまま排出されることになる。これを毎日繰り返すものだから胃腸が病を発することも出てくる。それで汗が出て渇きを癒やすためならば、食事以外がよいと思う。すなわち、駈歩を終わってから数分にして適度に飲むくらいにする方がよいようだ。

駈歩をやって横腹が痛くなることがある。この痛くなることはよく食事後直ちに走った時に起こる。一度横腹が痛くなると、どうしても走り続けることはできず腹を押さえながら中止するかそのやむのを待つより致し方ない。実に注意すべきことである。

さて、経験によるとこれは胃の中に食べ物が多く残っている時に起こるようである。よく食後一時間くらいたってから走れというのは、一つは食後の激動は、胃などに悪いのと、またこの横腹が痛み出すからである。それで前にちょっと述べた食べ物の量について一言せねばならない。

一言で言えば胃の中に残っている量が多いから腹が痛くなる。すなわち僕らのちょっとした考えによると走る時は肺の働きが盛んで幾分活量が増加すると思われる。この時その膨張する所は、いきおい、下部すなわち、横隔膜方面であるが、胃には今食量が満ちて、抑圧に甘んずることはできず、肺と胃との中間横隔膜方面の辺りが圧せられる痛みを感じるのではないかと思われる。

一食ぐらい食わないことも試みる

それでこの場合の中にある量が少なければ横隔膜は幾分圧迫されても、平気で何の争いも起こらずに済むのである。故に横腹の痛む習慣の人は少なくとも走る、そのすぐ前の食量を少し減ずるか、食量は平素どおりにしても、時間をおいて走るようにすればよい。この食事の時は、よく十分にそしゃくして、胃の働きを助けるようにすればよい。

以上は大略飲食物について、経験上述べたまでであるがこれを各人が実験して、適否を試みてもらえばよい。人々によって心身の構造に幾分か差異があるから一致するようにはいかない。その適するものを取り、不適のものは、捨ててもらいたい。

さて、最後に一言したきは、時々胃の鍛錬をやることであって、平素の食事は量においても、質においても、また時間も正しくしたいが、あまり規則正しく慣れてくると、胃が融通が利かなくなる。少し量が過ぎても時間外でも故障を起こす。これでは実に困る。

吾人青年はこれから海を渡って新領地に活躍すべき人々だから、食事にしても、一日二日は食わなくても、またいかにまずいもので済まさねばならないかもしれない。その練習も今からやっておかねばならない。それで時には十分に食し、あるいは一食くらいは食わないことも試みる。あるいは食後は直ちに走ってみることもする。また空腹の時やってみる。種々の試みをやって自己の心身を十分鍛え上げねばらならない。

だがこれは例外でまれになすべきこと。平素は、量にても、時間にても一定してそれから駈歩を練習せねばならない。

三、休息、睡眠

七時間眠って
ガラスのちりを拭くように疲労をぬぐえ

一方に原動力となる飲食物について一言したが、さらに日頃の練習努力に報いる休息について一考するのも大切なことである。

吾人の疲労も、休息によって回復することができて、またはつらつたる精気をもって事に臨むことができる。

吾人は精力を経済的に使うようにせねば、今日のような多忙な世の中に立っていちいちうまく処理していくことは困難である。朝から晩まで働き通してはいかに精力絶倫の人でもたまらない。時々張り詰めた気を緩めるようにせねばならない。

一日の中でも、食後幾分間静止しているとか身体を畳の上に横たえるとか、あるいは一働きした後でちょっと休むとか、昼食後、昼寝するとか、こうして自己の精力を連続して使用することができる。

それを少しの暇もなく働いていては、たまったものではない。すなわち駈歩をやって心身を使用すれば疲れてくるから練習が終われば直ちに本を読むとか、他の働きをやるとかせず数分間は、静かにして、精神も、身体も休め多少疲れが回復してから次の仕事に取りかかるようにする。

その休息の最大なるものは睡眠である。吾人の一日の疲労も七八時間の睡眠があるため、翌日はガラスのちりを拭いたようにすっかり失せて、元気よくなせるのである。昔から三、四時間の睡眠で十分な活動を続けた人も、少なくはないが、これは例外で吾人は少なくとも七時間は眠らねばならない。

さて、吾人が毎日駈歩を練習しその他学生であれば、学課の勉強もやるから相応に心身の疲労を来している。故になるべく人混みや雑踏した所を避け静かな安気な所にいるようにせねばならない。

なお最も大切なのはすなわち睡眠であるが、もし午後十時を睡眠時間と定めておいたならばその時間が来たら多少学課の予習や、復習が残っても、心地よく切り上げて床に就くようにし床に入ってからも、一日の自己のなした行動を顧みて善悪を反省するのは大切であるが、それ以外いわゆる空想や、雑念にふけってはならない。就床後は直ちに無我の境に入るようにし、もし直ちに眠られぬ人でも努めて早く眠るように習慣を付けねばならない。

よく眠るには心置きなく床に入るようにすることが大切で、何か心に残ること、例えば学課の方がまだ予習ができないとか何とかあると、いきおい、その方面に気を取られて就床してからも眠れない。

それで、よく早く眠ろうとするには学生であったら、第一に学課の方など正確に夜の勉強規定の時まで済まして眠りにつくようにすればよい。それには怠っていては、できないから常に時間を利用して、勉強しておく必要があるから、時間を守る習慣もついてきて、その万事に好都合になってくる。

無益な話談は避けて心の平静を保て

夜が更けるまでカルタとかその他の遊戯にふけって、大切な頭を疲労させ、やっと就床してもその方に気を奪われて、頭を苦しめ十分な安眠もできず、朝起きても頭は疲れ夢やうつつの心地で、翌日は学校に出席しても、何で覚えられるものであろうか。先生から問われても分からず家に帰っても頭の働きが鈍って学課の予習、復習に追われて、ついには青年として最も忌まわしい神経衰弱などにかかるようになる。

現今かかる人がよほど多いのを見てそのよって来るところがどのあたりにあるか、おおよそはかかることから起こってくるのであろう。

さて朝になって目覚めてから布団の中で雑念にふけって、いつまでも起き出ずもじもじしているのは最も悪い。

一度目を覚ましたならば、少し早くとも男らしく起き出た方がよい。冬などはことによい気持ちで目覚めながら布団の内の空想は、よくやるものであるが最も新鮮な頭脳を雑念にふけらするのは、精力経済上最も忌むべきではないか。

ことに競走以前などは、睡眠時間も正確にし床に入れば直ちに熟睡するようにし朝も規定の時間に起き出るようにせねばならない。その他無益な話談とか雑踏している所などは避けて常に心の平静を保つようにすることが肝要である。悠々自適、いよいよ競走の来る日を待って、これまで鍛えし技量を遺憾なく発揮せねばならない。

さてその平素の居室や、睡眠する部屋であるが多人数いるよりも、少人数で静かに風通しがよく居心地のよい光線のよく入る部屋があればこれを選ぶがよい。また室内に目を楽します、書画などを飾ったり、また音楽など耳を楽しますものを聞くのも結構である。

今部屋について一言したついでに、思い出したことがあるから少し述べてみたいと思う。

駈歩をやるには、足が長い方が得であることは何人も異論はないところである。ところが吾人日本人の体格は、西洋人に比して、胴部よりも足の方がよほど短い。椅子などに座していると一見身長は同じようだが、いざ立ってみると平均して、数寸※は低いのでこれは日本人の足が胴に比して割合に短いからである。

数寸
2、3寸。約6〜9㎝

増田ノート

「休息、睡眠」について①

少し前まで「マラソン選手＝修行僧」のように見られてきました。今でも実業団選手は365日、毎朝6時頃から朝練習をしています。雨の日も風の日も、マラソンを走った翌日も。私もそうでしたが、みんな引退して最初に思うことが「今日から朝練習しなくていいんだ」なんですよ。

生活習慣を規則正しく、ONとOFFをしっかり分けることが肝心だという教えは今でもその通りです。陸上競技は時間を基準に戦っています。ある大会の参加資格が15分00秒だと、15分01秒ではスタートラインにもつけないのです。日常生活の時間がルーズでいいわけがありませんよね。

休む時は休む、金栗さんは毎日7時間寝ていたんですね。私は8時間がベスト！昔人気のロボコンじゃないけど、私のガソリンは寝ることなんです。

書画や音楽などで心を落ち着かせることの重要性をこの時代に説いていたのにもビックリです。マラソン選手は試合前に音楽を聴くことが多いんです。高橋尚子さんはシドニー五輪の時にhitomiさんの「LOVE 2000」を聴いてリラックス。野口みずきさんは普段からR&B系の洋楽が好みです。ちなみに私は「天城越え」でしたね。女の情念が湧きあがってくる感じで坂道なんかグイグイ登っていましたよ。

日本人の短い足は一代二代では匡正《きょうせい》不可能

何故に足ばかり西洋人より短いかというところこれは確かに、長い間かれこれの風習の相違からきたものであって、われは座る時は足を曲げて、血液循環を止めて、せっかくの発育を妨げ、彼らは座するにも足を曲げず、椅子などに腰掛けて、伸ばしているから、少しも血液循環も害することなく、自然の発育をさせるので、一代の間でも足の発育上非常の差が生ずるに違いないが、その上長い間の遺伝性を受けて、足部の発育不良となって、現今のごとき体格となったのであって、いざ今からこれを匡正《きょうせい》※しようとしても、一代二代では不可能なことで、一つは人種改良、すなわち優良なる心身を有する父母によって、より以上に優良なる心身を有する子弟を残し、また一方には、吾人の風習を幾分ずつ変更して体格改良の方法を論ぜねば、今のところ残念ながら西洋人に吾人日本人の体格は劣っているのである。

その体格改良の第一歩として、座することをなるべく減じて、足を曲げ

匡正
正しい状態にすること

ず、伸ばすようにすることを多くしたい。今は小学校より、以上の諸学校皆腰掛けて仕業をするようになってきたため、少しは身長も伸びてきたようである。

ことに女子の身長は見違えるくらい伸びて、その母と一緒に歩いているところなどを見ると十中の八、九今の女学校時代あるいは卒業した女子は高い。これは、すなわち家に座していた人が、幾分学校などで体育をやり椅子などに腰掛けて、足を曲げる時間が少ないために起こった事実に相違ない。

あぐらをかくために足は伸びず動作は不活発になる

それで、吾人は腰掛けて仕業もするし、また学生などは勉強もするようにしたい。子どもの時より足を曲げることを少なくすれば、身長の発育も確かに大であるに違いない。その上あぐらなどをしている時と、腰掛けている時と、座作進退《ざさしんたい》※の上の敏不敏《びんふびん》※は、非常な差があって、一度座して、何か用

座作進退
日常の身のこなし

敏不敏
機敏なことと機敏でないこと

ができても飛び立つのはちょっと面倒であるが、腰掛けていれば直ちに立って他の仕業に移ることも造作はない。時間の経済上からも吾人は一日の中においてもだいぶ損失をしているのだ。

　それで子弟の体格の向上を図り進んでは日本人の体格改善を図るには、このようなことから変更していかねばならない。もし椅子や、テーブルを買うとしても、安いもので数年は使用される。ぜひ子どもの時から足を曲げて座らせることを少なくして、腰掛けをさせるようにさせてもらいたい。

　日本人の足は膝のあたりで幾分曲がっているのは、多年の座する習慣からきている。なお、前方に足を踏み伸ばすにも、幾分膝が曲がって、十分には伸びない。これは走るには損で歩幅はどうしても狭いのを免れない。

　すなわちあぐらをかくために、足は伸びずその上、動作は不活発となり、吾人駈歩する者にとっては不利益を与え、考えるとその損失は重大なものである。一日も早く腰掛けるようにしたい。

　しかるに一方足を曲げる習慣のある日本人は他方面にて大いに利すること

があるという。すなわち足の屈伸が自由自在である。すなわち足の運動は日本人が西洋人に比して優れていることは事実である。

しかしそれ以上の不利益を受けている。しかし吾人は、全く座ることをやめよとは言わない。ある機会を利用して座る練習もやる。例えば、食事とか何とか少なくとも一日中二、三時間は座る練習をやる場合がある。これくらいで十分であって、他は、腰掛けて勉強もするし、仕事もすればよい。これは何人も今主張するところで吾人は大いにその実行を期せねばならない。

増田ノート

「休息、睡眠」について②

日本人の足が短いことから目をそらさず、どうすればいいかを真剣に考える。その発想力が素晴らしい、諦めないことが大切なのですね！

昨今のマラソン界を席巻している東アフリカ（ケニア、エチオピア、エリトリア等）の高地民族。標高2000m以上の町で片道5㎞ある小学校に歩いて通う。生まれた時から毎日高地トレーニングをしているようなものです。しかも頭が小さく、膝から下は長く細い。先端の重量が少ないから体にかかる負担も少ない、マラソン向きの体型です。

金栗さんの時代はアフリカ選手ではなく西洋人（欧米）がライバルだったのですが、競技のために日本の生活様式にまで言及。トイレが洋式になり、椅子での生活が当たり前になった現代、選手達の脚は長い！　金栗さんの思いが100年経って現実になっています。2018年にマラソン日本記録を更新して、1億円をゲットした大迫傑さんなんか正にそうですね。若い選手の間に挟まれて写真を撮ると、私は捕らえられた宇宙人のよう。別の生き物のようです。

四、服装

断然帽子を用いずに走った

何か吾人が仕事をする時は、なるべく軽装するのが便利で、必要上からもそれぞれの服装が採用されている。駈歩においても最もこの軽装ということに重きを置いて、走るに不必要、否邪魔な服装はどしどし改良して、走るに少しの障りのないようにせねばならないのである。

しかるに吾人は、この服装などについては、従来多くの注意を払わなかった。例えばシャツ※にしても、地質の厚いのや、薄いの、肩までのや肘までのや、手首までのなど種々のを用いて平気である。何でも着れるものならば十分で、この服装は走るのには適するか否かを考慮するまでには進んでいな

シャツ 現代での陸上競技で着用するランニングシャツ。タンクトップ、半袖、長袖の3種類。軽量で肌との摩擦が起こりにくい素材が好ましい。夏場のレースでは吸汗性、速乾性も重要。

いと思う。

しかしこのわずかの服装の点からも、工夫すれば、疲労の度において非常に差ができてくる。ことに長距離競走では、見逃しがたい結果を生ずるから、吾人は、これまで以上に服装にも注意研究して、少しでもよい服装に改良したいと思う。それで今吾人が欲する服装を参考までに述べ、この上諸君がいろいろ研究あらんことを望む。

第一に帽子は用いるがよいか、用いないがよいかである。運動会などではよく用いているようだが吾人は、帽子は用いないことを主張する。

ことに短距離では暑さを防ぐ必要もなく、帽子のない方がよい。長距離駈歩においても春秋のよい気候には用いない方がよい。夏でも炎天の下に慣れると、帽子なしで走れるから気候のよい時から帽子を用いず、次第に暑い気候にも慣れるようにすると、夏の駈歩も無帽でやれる。

もちろん暑い時分に、帽子なしで走り、太陽の光線に直射されると、頭部が非常に刺激を受けて、脳に故障を生ずる心配もないではない。

自分は長距離駈歩練習の初めにおいては、帽子を用いていた。暑寒にかかわらず、帽子を用いていたが、大正三年の六月頃から断然帽子を用いずに走った。それは吾人が帽子がなければ走れんようでは駄目である、いくら炎暑の時でも、無帽で走れるようにせねばならないと思い、六月頃から帽子を用いず走ってみたところ、午後の二、三時頃の練習には頭が直射されて、感覚がなくなりやっと水で冷やしたり、木陰に休んで元のようになったのである。

自分もこの時は、だいぶ苦しかったが、これをものともせず四、五日やってみたが一週間目くらいからあまり目くらみもしなくなり無帽でも走れるという自信がつき、今では帽子を用いたことはなく、また走らない平常でも帽子はなるべく用いずに、頭を風にも太陽にも、直接に当てているいわゆる、無帽主義を実行しているがその具合がよいようだ。

西洋人は帽子を用いる者は絶無と言ってよい。彼らは頭髪が吾人より長いから、夏の光線でも吾人が、帽子を用いているに相当する。この西洋人がストックホルムで行われた国際オリンピックゲームのマラソン競走では八十

七、八度※の炎暑であったためさすがの彼らも速成的な帽子すなわちハンカチをかぶって走った。白人が帽子をかぶっているのを見たのは、この競走くらいであった。

短いシャツは風儀上悪いか？肉体美を見せるのは悪くない

次にシャツはどうかと言うと、春夏秋の頃は、地質の薄い、汗なども直ちに発散し、外気とも通じやすいのがよい。腕は肩まで自由になるように短くした方がよい。肩までのと手首までの長いのとの利害は言わずして明らかである。

シャツが肩までの短いのは、風儀上見悪いと言う人もあるが、これも見方による。運動をする人の、真の肉体美はかくのごとしだと一般の者に見せることは悪いことではない。また見る人もこの肉体美を感心して見るようにな

八十七、八度
華氏87～88度のこと。摂氏30・6度～31・1度

らねばならない。

長距離競走などでは、疲労してくると、ほんの少しのシャツの障りでも、苦しくなってくるから、作る時よく注意せねばならない。地質はメリヤス※でも、その他の布類でもよいが、薄いのを選ぶがよい。なお体に密着するのもまた大き過ぎるのもよくない。

メリヤスのシャツのごとく、前にボタンが三つか、四つあって汗が出て呼吸が苦しくなったならば、このボタンを外して、涼風に当てるようにするがよい。

さて冬など寒い時分のシャツはどうか。これは夏などと異なり反対に、地質の厚い暖かいものを用いるがよい。かつ極寒などには、毛糸で作ったもので、首まであるもの、もちろん手の首までくる長いのがよい。

なにぶん空気が非常に冷却しているから、厚いシャツを着て少なくとも外部より冷やさないようにすることが大切である。なお口鼻は薄い、ハンカチでも当てて直接冷気が咽喉に入るのを防ぐようにする。

メリヤス
綿糸または絹糸などを編み物用機械で編んだよく伸縮する布地

増田ノート

「服装」について①

ランニングシャツですら肌を露出し過ぎて「風儀上見悪い」時代もあったんですね。でも「見る人も肉体美を感心して見るように」という金栗さんの言葉は時代を先取りしていました。

鍛え上げられた肉体は、男女の差なく美しいものです。今ではビキニのようなウエアでお腹を出して走る女子選手もいますよ。マラソンで好記録を連発しているダイハツの松田瑞生さんもその一人。女性でありながら腹筋は見事に6つに割れていて、それがよく見えるウエアを着て走ります。でも冬の駅伝の時にもそれを着て走ったら、松田さんはお腹を壊してしまいました。以来、冬はお腹を出さずに走っています。やはり冷えは大敵のようです。

そして帽子は、首筋を直射日光から守る上で大切ですね。青い帽子がトレードマークの長崎商業高校の廣中瑠梨佳さんは、「集中できるから」とレースのときはいつも被っています。

最近はサングラスをかけて走る選手が多いです。練習も含めて長時間屋外で紫外線を浴びるので、目を守るためだそうですが、テレビ中継で観ていると、表情が見えないのが残念ですね。サングラスには、「集中できる」「暑いときは体感温度が下がる」という効果もあるようです。競技場で最後の直線に入ったらほとんどの選手がサングラスを取るのは、ゴールシーンは写真に撮られるからなのですよ。

さるまたは短いもの。ふんどしの緒は腰に結ぶ

半ズボンについて見ると、これも膝の所まであるいは膝の上三、四寸ので小さいよりも多少余裕のあるくらいのがよい。なるべく短いのが、障りなく自由に走れる。

地質は厚からず固過ぎないのがよい。メリンス※とか綿布でこの条件に適するのを選ぶがよい。メリンスは長距離駈歩などには股の所が、擦れて早く

メリンス
薄く柔らかい毛織物。モスリン、唐縮緬《ちりめん》ともいう

破れるから、平素練習用としては綿布のあるものを用いるがよい。

よくもの筋肉が発育している人は、股ずれがするようである。ことに汗でも出るとよくやるがこれは何とも致し方はない。半ズボンの質のところを二重にせず一重にし縫い目などを丁寧にするがよい。もしもも擦れがしたら、おしろいでもその部分に付けておくがよい。

なお半ズボンの下から、さるまた※を履いていると汗が出るとよく邪魔になるから、さるまたを履くにしても短いのがよく、またこれよりも、ふんどし※で細い緒で腰に結ぶようにしたのがよい。また半ズボンだけでもよい。

よく帯をする人がある。これはしない方がよい。腰部を締めると、大切な腰の筋肉が活動できなくなるので、半ズボンを小緒で締めるようにし帯は用いないようにする。帯がなくとも少しも腹に故障はない。ない方がかえって自由でよい。

次に履物であるが長距離駈歩には、足袋《たび》※がよい。足袋は日本の特有である。西洋人は皆靴である。

さるまた
猿股。腰から股のあたりをおおうズボン形の男子用下着

ふんどし
男性の股間をおおう布

足袋
足に履く袋状の履物。指先が親指と他の四本の指を入れる部分に分かれる

足袋《たび》くらい長距離走に適する履物《はきもの》はない

先年、ストックホルムに自分が行った際も、西洋人はマラソン競走の時全部靴で自分の履いていた足袋を見て珍しがった。日本の足袋は彼らは知らないところで靴と、足袋とは長距離すなわち一万米以上ではいずれが便利かと言うと、足袋が便利である。

第一靴は重いのと、いくら生まれながらに靴を履いている西洋人でも炎暑の頃走ると肉刺《まめ》ができる※。

これもストックホルムのオリンピック競技会で一西洋人がマラソン競走に参加せんため、毎日練習していた。自分もこの者とよく知り合いになっていた。ところが走りが終わってからこの者は、靴を脱ぎ、肉刺の手入れによほど苦心して、いろいろ薬などを用意していた。

ところが自分は足袋であるから肉刺は一つもできなく、練習終わり後も直ちに平気である。これを見て自分はおそらく足袋くらい長距離駈歩に適する

肉刺ができる
ランニング中にできるマメ（摩擦水疱）。足と靴内部との摩擦で生じる一種のやけど。摩擦に弱い皮膚の人はマメができやすい。足の形とシューズの形状が合っていない場合にも起こる。

履物はないと、わが国のため誇っている。

しかしいくら履物がよくても、実際西洋人と競走して勝たねば、彼らに足袋を用いらせることはできない。

この足袋をこの頃フィリピン人が競走に用いだした。それは先年、マニラで極東競技大会※が開かれ日本よりも二名の選手が行った。この時足袋を見て大いに感心し、日本に注文してこれを履いているそうだが、この五月上海で行われた、極東競技大会の八哩《マイル》競走に参加した一フィリピン人は、吾人と同じく足袋を履いていた。

しかし上海での八哩競走には、このフィリピン人は勝たなかったが、わが選手は見事勝った。これは足袋のおかげもだいぶあることでこの後、西洋人の靴と、足袋とを競走させて、見事勝ってやらねばならない。

さてこの特有の足袋は裏は一重のとまた二重底がある。平常の練習で平地をやるならば一重底で地質は白で深いのより浅くくるぶしの出ているくらいにしコハゼ※は二つくらいにする。この一重底でも日に二、三里※くらいの

マニラで極東競技大会
1913年に創設された「東洋のオリンピック大会」。第1回大会はマニラで開催され、フィリピン、中国、日本が主な参加国。27年まで2年に1度開催され、34年の第10回大会まで実施された。

コハゼ
小鉤。布に縫い付けられた爪型の小さな留め具

二、三里
約7・85〜11・78km

練習ならば、十日間くらいは持つ。

しかし雨の中を走るとまず三里※くらいで破れてしまう。なお泥濘《ぬかるみ》の中を走るならば、浅いのは抜ける心配があるからやむなく深いのにする。

平地でなく、野山を走る、すなわち山野横断競走などでは、一重底では、危険だからゴム底かあるいは二重底のを履くようにする。

三里
約11・78㎞

増田ノート

「服装」について②

スポーツの世界でこの１００年で最も進化したのは道具だと思います。

２００８年の北京五輪の時に話題となった「水の抵抗を少なくする水着」を覚えていらっしゃる方も多いと思います。次々に世界新記録が出て、こりゃすごいと文明の利器に感動したものです。あの時は、サイズが３種類しかなかったのでピッタリ合わない選手もいて、また水着を着る時は３人がかりで、一度着たらなかなか脱げないので…。「着こなせなかったです。着てレースに出ていたらと思うこともありますよ」と、競技を引退した伊藤華英さんは話します（2019年1月、ご結婚されました）。

ランニングの世界でも機能性を高めた繊維の登場で、通気性、吸水速乾、気化熱で冷却効果があるものなどが登場。特にオリンピックや世界選手権など、夏のマラソンでは体温を上げない、体感温度を下げる工夫がされています。でも一番大事なのはシューズでしょう！

金栗さんの時代、西洋の靴の通気性に問題があったようです。それに対して日本の足袋（地下足袋）でマメが全くできないのは、陸の王も納得したでしょうね。それからマラソンシューズはどんどん発展し、1953年（昭和28年）に靴底に小さな穴が開いた、マメのできにくい魔法のシューズ、オニツカのマジックランナーが発売。日本の技術に世界が注目しました。最近人気の（あの水着みたいに記録が続出している）シューズは、カカトが高いハイヒールのようなものなのです。金栗さんがこれを見たらなんて言うでしょうか？　競技力向上に用具の進化は欠かせませんね。

時には裸足で走ってみるがよい

さてこのように足袋を用いるが、時々は、跣足《せんそく》※で走ってみるがよい。これはいざ大競走などに加わり疲労してくると、わずか足袋くらいでも重く感じ、ことに水を吸収するとそれに泥が付き、実際に重くなり、思うように走れない場合には、足の裏に、肉刺ができても構わず跣足で走るに越したことはない。かかる用意として跣足で練習しておくことが大切である。

跣足で競走に臨んだことは、自分は二度ある。一つは大日本体育協会主催のオリンピック選手予選競走のマラソン競走の時と、一つはこの年五月上海で開かれた、極東競技大会※の八哩競走の時である。

予選競走の時は、途中から雨が盛んに降り、到底足袋は重くて走るのに困ったから、自分は足の裏に肉刺ができてもよいという覚悟で約六里頃、足袋を脱いで走ったがこの時分は、足の裏も柔らかく左足裏のかかと全面に、一大肉刺を生じた。しかしこの脱いだため足は非常に軽くなり、やっと我慢に

跣足
はだし

極東競技大会
1913年に創設された「東洋のオリンピック大会」。第1回大会はマニラで開催され、金栗が参加したのは15年に上海で開催された第2回大会の8里競走(約31㎞)。

我慢して、走ったのである。

上海の競走も雨後であった。かつ、吾人の足の強健を西洋人に示すためにわざと跣足で八哩を走り、多久君※など、見事に一着を占めた。これも幾分跣足のおかげであると言ってよい。

以上は足袋すなわち長距離駈歩について、一言したがこれから短距離駈歩の靴について一言する。

手にハンカチを持つと心を奪われ走ることに隙ができる

短距離駈歩には、足袋はまずい。すなわち百米から五千米くらいまでは、靴の方がよい。この靴と言っても、普通の靴ではない。駈歩用である。靴の底のつま先の所にスパイクが四、五本付いている。このスパイクで地面を踏みかけて、一つは滑らないようにし、なお踏むのに力が入るようにする。そ

多久君
陸上中長距離選手の多久儀四郎。熊本・旧制玉名中から東京高等師範まで金栗の1年後輩だった。1915年第2回極東競技大会の陸上8里競走と800mで優勝。

の時はこのスパイクの部分のみ地に着けて、かかとは地に着けないようにする。

この駈歩用の靴を作る店は、この頃は所々にできたようであるが、東京が一番多いようだ。しかも多くの人が作るから、上手にできる。本郷一高門前の朝日屋が一番東京では古いから上手にできるようだがなお芝の大塚、三田の今井、本郷の美満津などでも相当なものができる。

まず服装は以上のごとくであって、百米くらいの競走に、コルクを手に握る人もあるがこの他は何も手に持たないことである。ハンカチなども不要で、もし汗でも出たならば、汗が目に入らないように手で顔の汗を払い落とせばよい。手にハンカチがあると、それに心を奪われて、肝要の走ることに隙ができてくる。

この他口に海綿とか、梅干しなどを含むのは、やめるがよい。足に脚半《きゃはん》※をするのもよくない。

脚半
足を保護し、動きやすくするために臑《すね》にまとう布

五、入浴、冷水浴

長風呂、熱い風呂は筋肉が緩む

吾人日本人はよく入浴する習慣がある。ほとんど毎日のように風呂に入る。その習慣があるから二日も風呂に入らないと、気持ちが悪くてしようがない。それで日本人は一方清潔な国民と言われている。

さてこの風呂は有効で、あかを洗い疲れを癒やすと言われているが、果たしてそのようであるか。吾人が激しい運動でもして、疲れてから夕方入浴して、睡眠するとよく熟睡できるという。実際よく眠ることは眠るのである。しかし、実際は、入浴は駈歩などを盛んに練習する時や、また競走前などはやらない方がよいようである。

風呂に入れば一時は心地よく、疲れも去ったようであるが、その反動として筋肉が緩むのである。ことに長風呂をするとか、熱い風呂に入るとかすれば、筋肉が緩んできて、何だか締まりがない心地がする。

故に駈歩、練習中は入浴の用は汗などを落とせば足りるのであるから、湯を全身に注いでそれで済ますか、あるいはちょっと風呂に入ってすぐ上がるか、あるいは手拭いを水に湿らせて、汗を拭くくらいにとどめるがよい。

次に冷水浴について一言してみたい。冷水浴は、主に朝起きてからやるが、大部分の人には有効である。たまには、冷水浴をやってかえって身体に故障の起こる人もあるがこれは例外とも言ってよい。

すなわち冷水浴は確かに心身に有効である。それで今盛んにこれを唱導する人もあり、実行している人も多いようで、駈歩などやる人には特に奨励したい。

その方法は冷水を急に頭からかぶるよりもかぶる前に、手でよいから頭から全身をちょっと摩擦して次に冷水を頭からかぶるのである。その度はかぶり過ぎぬようにせねばならない。身体が冷え切るようにかぶるのは慎まねばならない。まず冷え切らぬ程度でやめ、次に一、二分間瞑目して、無我の境に入り、それからまた手で全身を擦り、次に干した手拭いで、十分全身を摩擦しこれが終わってから全身の体操を数分間やるのである。これが済んでから衣服を着る。

増田ノート

「入浴、冷水浴」について①

長距離選手はお風呂好きが多いんです。娯楽も少なく、人もいない合宿中の楽しみは食事とお風呂。温泉があれば最高です。もちろん私もお風呂が大好きで、サウナも大好き。

スポーツ後には温冷交互浴がお勧めです。42度位の熱めの湯船に3～4分、16度位の水風呂に1～2分、これを3～4回交互に入ります。血管が拡張・収縮を繰り返し、筋肉の血流量が増加することで、疲労物質が抜けやすくなるんです。温かい湯船では息をフーッとゆっくり吐きながら疲れた筋肉を伸ばしてあげると効果的です。

冷水浴は遠慮したいのですが…。精神修養には有効なのかもしれません。勇往邁進の気性を養うためには。でも、身体が冷え切ってはいけない、手や手拭いで摩擦し温めるともありますので、これも温冷交互浴の一種ですね。

ま、どっちにしても科学的な根拠に基づいてトレーニングを積んでいる今の選手たちは、まずやらないでしょう。でも金栗さんのように、心を鍛える大切さを伝えていきたいです。

冷水浴は皮膚を強壮にして
気候の変化に抵抗する力を強くする

この冷水浴を始める時期は、なるべく気候の暖かい時季、すなわち四、五月頃より始めるがよい。冬などの寒い時から始めるのはちょっと困難である。かつ心身の虚弱なるものは故障を生じやすいから、暖かい時から始めて寒い冬に及ぶのである。

冷水浴をやれば、確かに皮膚は強壮になり、気候の変化に抵抗する力も強くなってくるから、風邪などにもかからず、冬季でも衣服を少なく用いても大丈夫である。もし不幸にして風邪に侵されたならば、暫時冷水浴は中止した方が安全である。風邪がよくなってから、また始めるようにする。しかし冬など四、五日も中止するとよほどの決心でないと、中止状態を持続して全く冷水浴を放棄する傾向があるから、十分な奮発で続行せねばならない。

さて冷水浴をやるにも年齢や体質を考えねばならない。あまり年少の者は無理かもしれない。まず中等諸学校入学者くらいから始めてはどうかと思う。また体質の弱い人で冷水浴をやりたい人は、医者の診察を受けてやる方がよい。

冷水浴では過度の人は冷水摩擦でよい。すなわち、湿らせた手拭いで全身を十分摩擦する。冷水浴や冷水摩擦が終わってから前述の全身を残りなく動かして衣服を着る。この時の心地は何とも言えない。快感を与え、ことに冬季最寒の頃は、いっそう気持ちが爽快となる。

さて、冷水浴は、皮膚を強壮にし、血液循環をよくし、筋肉の伸縮力を増すようである。それで、駈歩などをやる人には、ぜひやる方がよいと思う。よく駈歩をやっているも、汗や、脂肪分が少なくなって、風邪にかかりやすいから平素、冷水浴などをやって、皮膚を強壮に、寒暑に抵抗する力を十分に備えておくことは最も大切である。

冷水浴は単に肉体を強壮にするばかりでなく、大いに精神修養になる。かの厳寒の頃水道の水も凍り付いているという朝、顔を洗うにも、青年元気の人でありながらぜいたく極まる湯で洗面する者が多くなったこの頃、裸体となって風呂場か、井戸端に立ち出でて、サッサッと清水を頭からかぶるのは何ともいえない。見たばかりで身も凍るほどである。

この寒さを物ともせずして続行することはよほどの我慢と、努力がいる。

すなわち精神修養の一助となり、勇往邁進《ゆうおうまいしん》※の気性を養うのであって、遊懶《ゆうらん》※の風潮を打破するにはかかる小事から始めるがよい。

さて、冷水浴と同じく、海水浴も奨励したい。わが日本のごとき島国に生まれた者は、海を友とする覚悟がなければならない。大洋に船を浮かべてどしどし乗り出す青年が必要である。それには夏の休暇頃、何もせず放縦に遊び暮らすより、進んで海浜に出でて盛んに水泳をやって、身体を練るはもちろん、大洋の雄大に接して海を恐れぬ心を少年の時より養成せねばならない。

海水浴は、全身の筋肉を使うので、非常に運動となる。夏季など陸上の駈歩が困難な場合の運動としては最も奨励すべきものである。ことに全身の運動となるばかりでなく海浜のよい空気を吸っているので、これまた他に得られないたまものである。

ちょっと泳ぎが疲れたり、寒さを感じた時は熱い砂の上に横たわって、日光浴もやる。色はますます黒くなって、皮膚の抵抗力が強くなってよく風邪などに侵されやすい人も、少々の気候の変化では風邪なども寄り付かなくなる。

勇往邁進　目標に向かってまっしぐらに前進すること

遊懶　遊ぶこととおっくうなこと

増田ノート

「入浴、冷水浴」について②

現代の選手も、故障中で走れない時はプールで歩く、泳ぐなど、足に体重の負担を掛けずに筋力をつけるトレーニングを行っています。科学的な見地に立たなくても、「島国に生まれた者は、海を友とする覚悟がなければならない」と言う金栗さんのトレーニング論は素晴らしいと思います。海水浴は全身運動になり、海浜のよい空気でリフレッシュし、砂の上で日光浴すれば抵抗力も増すと。いいことずくめですね。

北欧に遠征に行った瀬古利彦さんは、試合前に海岸沿いの公園を走っていた時のことです。なんと！　砂浜にトップレスで日光浴する北欧美女が！　その光景をずーっと横目で見ながら走っていたら、木の根っこにつまずいて足をケガしたそうです。冷水をかぶって精神修行が必要でしたね。すみません、関係ない話でした。

六、補助運動

駈歩ばかりでは駄目。他にも筋肉や関節を動かす運動を

駈歩をやるには、心身の調和的発育が最も大切なことである。精神の方も剛健でなければならず、肉体の方面も各部分が平均して、発育している人が練習して初めて、十分な成績を挙げることができるのである。

すなわち調和したる発育とは、身長に対して、それ相応に重さがあって各筋肉などの発育具合も見苦しくないものであると言う。それで五尺※くらいの身長でありながら、体重二十貫※もあったり、六尺※も身長があって、体重が十五貫※くらいであるのは、何人が見ても、調和しているとは言えまい。

五尺 151・5cm
二十貫 75kg（1貫＝3・75kg）
六尺 181・8cm
十五貫 56・25kg

一方はいわゆる太り過ぎている。この太り過ぎているのは、真の筋肉以外、水分や脂肪質が多過ぎることを意味しまた一方は痩せ過ぎている。これは筋肉の発育が不十分であることである。両者共に、駈歩をするにはあまり適当した身体とは言えない。

これよりも身長は五尺くらいでも、それ相応に筋肉も発育し、いわゆる釣り合いが取れている体格の方が有望である。しかし、競走を目的とせず、単に駈歩を体育の一方便とせんとする人には、大抵の体格の人は練習して一向に差し支えはないのである。

さてこの心身の調和したる発育を達成するには、単に駈歩ばかりでは不足する傾向がある。この他にも何か運動をして各筋肉や、関節を動かすことが大切である。

ある人が、駈歩を練習して、うんと速く走るようになるには、外の運動をやればかえって障りになりはせんかとの考えを抱いている人もあるようだ。一見手を使ったり、上体を運動させたりすると、何だか、上体が発育し過ぎて、肝心の腰以下が弱くなって、走るには不適当な身体ができる心地がする。

しかしかかる考えを有する人は、走るのは足ばかりであると考えてはいないか。もちろん、足と上体と切り放てば死んでしまって、お話にはならないが、走るには、上体あるいは全身を満遍なく運動させるということを知らないはずではないがつい、走るのは足ばかり使うような心地がするからかかる疑いを抱くのであろう。

さて実際走ってみると、足ももちろん疲れるが、また、腕や、首や、肩や、腰などがそれ相応に疲れてくる。これは各筋肉を使うから起こる疲れである。すなわち駈歩くらい身体のあらゆる部分を働かせる運動はあるまいと思う。それであるから、身体各部が調和して発育していない人は、特に注意してなるべく調和するように他の運動を行わねばならない。

平常短時間で身体の調和的運動をやるのに軽便なのは、体操である。そして体操は小学校から教わっているから何人もよく知っているから、二十分あれば頭から足の先端まで一通りは、動かすことができる。体操は道具があっても、なくても、できるから至極便利である。

要は身体を残りなく運動させればそれでよい。何もかくせよと一定したのではない。各人が自己の考えによって、手の諸機関を運動させるには、どうすればよいとか、腹部の運動はどうとか、一通りの理屈に合っていればよい。今吾人がやっている道具なしの体操の大略を参考までに記述してみる。

増田ノート

「補助運動」について①

みなさんは昔、運動前にアキレス腱を伸ばしたり伸脚したりしていませんでしたか？

でも冷えた状態でいきなりグイっと伸ばすのはダメなんですよ。筋繊維が切れてしまうこともあるからです。今は動的ストレッチが主流です。運動前には筋肉や関節、

腱などを動かして温める。ウォーミングアップですね。アキレス腱などを伸ばすのは、静的ストレッチといって運動後に行うんです。

短時間で身体の調和的運動を行うのには体操がいいと。やはり体全体を動かすラジオ体操はいいんですね。第1、第2を真面目にやると、2つで6分半ほどですが、背中にじんわり汗をかき、全身の筋肉が目覚める感じになります。

余談ですが、ラジオ体操は1928年（昭和3年）に始まりました。金栗さんのこの本の12年後です！　今のラジオ体操第1は1951年（昭和26年）、その翌年には第2がスタートしたのです。

首は走る時に動かしてはならないが筋肉は伸縮自在にしておく

身体の方から言ってみると、まず上部から始める。すなわち頸部を前後左右に動かして自由に運動できるようにする。しかし頸部は、走るのには何も前後左右に動かなくともよい。かえって首は走る時動かしてはならない。

しかし、平素頸部がよく発育して、自由に運動ができないと、駈歩を練習しても直ちに痛くなってくる。また、重い頭を長時間の間よく支えることが困難になる。どうしても頸部の筋肉を強壮にし伸縮自在にしておかねばならない。それには頭を前後左右に曲げたり、回したりするのがよい。交互に三度くらいで十分である。

次に両手であるが、駈歩の時は、足と同数手を運動させるから随分疲労を感じる。それで手の諸筋肉を平素鍛錬させておくがよい。手も前後左右上下に屈伸させ、また走る時のように前後に振る。これをおのおの三、四十回も繰り返すと肩の筋肉および関節が自由に動き、また強壮になる。

それから胸腹部および腰部については、胸部はそう他の部分のように動くものではないから胸を張って、上体を半前に曲げまた後方に伸ばす。この時あまり腰を曲げ過ぎたり、伸ばし過ぎないようにする。

次に上体を思い切って前後、左右に屈伸する。また十分左右に回す。腰部から、臀部にかけて駈歩の際は最も激しく使うからこの運動は特にしっかりやるがよい。共に十回くらいずつやる。これを毎日やっていれば筋肉は非常に強くなって、屈伸自由となり駈歩をやる場合にも、思うように身体が動いてしかも疲労の度が少なくなる。

脚は駈歩には直接他よりも関係があるから、十分脚の筋肉や関節を、強くし自由に運動をできるようにしておかねばならない。それで足を左右交互にできるだけ前方に上げる。この時は膝を曲げない。これを十数度やる。

これに次いで、膝を伸ばしたまま後方に伸ばす。それは前方に上げたついでにその反動で後方に振る方がやりやすいから、前方に上げるのと一緒にしてもよい。また一脚で安定の位置が取れなかったならば、何か手で支えぐらぐら動かないようにやるがよい。

この足を前後に伸ばす運動は、股を開くのに有効でこれを平素、毎日やっていれば歩幅が幾分か自由に広がってくる。なお歩幅を広くするにはこの運動と共に、両足をできるだけ伸ばして股間を広めるようにするのがある。いずれもやるがよい。

次にまた膝を伸ばしたまま、足を左右に上げる。両方とも十度くらい上げる。これも股を広めるためと、腰の関節および筋肉を動かすのが目的である。

次に膝を幾分曲げ膝を中心としてぐるぐる回転させる。外方からと内方からと左右とも、十回くらいずつやる。これは、主に膝の関節を自由にするためである。

なお膝を中心として足を前後に伸縮左右各五十くらいやる。その始めは緩やかに次第に早く伸縮させる。膝が疲れてくると足が動かなくなるが、度数を重ねているうちに次第に思うように足を運動させることができてくる。

これは一つは膝の関節を強めると、他は腰から下の諸筋肉および、腰の関節を鍛錬するのが目的である。なお速く動かせば動かすほど、実際の駈歩においても、足を交わすことが速くできてくるから、股を開く稽古と共に最も大切な予備の運動である。

なお足のくるぶしの関節の回転を自由にするため、上下、左右に運動させるのである。ちょっと石などにつまずいてもこのくるぶしの関節が固まっている時は、よくけがをする。高い所から飛び降りる場合などこのよく動くのと否とは大いに影響するから駈歩をやる人などは十分注意せねばならない。なお足の指などもよく動くように運動させるのである。

次に、駈歩や跳躍には、足で土を蹴る筋肉が強くなくてはならない。そのために、左右の足を交互に、蹴る運動をやる。この蹴る運動をやりながら少しずつ股間を広めていくがよい。

なお最後に、足を半ば曲げる運動や、足を全部曲げる運動をやったり、つま先ばかりで、屈伸することなどをやってみる。

増田ノート

「補助運動」について②

今でいう補助強運動、柔軟、筋トレについては「長くなるから略し各自に勝手に練習」と。あまり重要視されていなかったのですね。

走る練習は昔も今もさほど変わらないと思いますが、大きく変化したのがココなのでしょう。現代では体幹トレーニングが重要視されています。青山学院大学駅伝チームなど、数多くのトップアスリートを指導しているフィジカルトレーナーの中野ジェームス修一さんに話を伺いました。「最初に深層の筋肉を鍛え、骨格を安定させる。それから表層の筋肉を強化し、骨格を力強く支えられるようにする。長距離走にふさわしい筋肉を、重要度の高い順番でつけていく」

マラソン選手に対する褒め言葉に「走りが柔らかい」と言うことがあります。体の軸がブレずに余計な動きもない。ぎくしゃくすることなく、スーッと走る感じです。日本陸上競技連盟女子マラソンオリンピック強化コーチの山下佐知子さんは「体幹がしっかりして走りが柔らかいといえば、福士加代子さん」と話します。確かに福士さんの走りは1本の線の上を走っているようで美しいです！　加えて私は、山下さんが指導した尾崎好美さん（ロンドン五輪代表）も体幹がしっかりしていて柔らかい走りだと思います。市民ランナーの皆さん、ぜひお手本にしてくださいね。

数分の体操を一日に二、三度やる

以上で大体身体各部の運動について一言したのである。しかしなおこれらの運動中、立っているよりも背臥《はいがい》※してやる方が、好都合の運動があるから今ここに概述するところとする。

まず背を下にして伏す。これは主として腹、腰以下の部分の運動である。すなわち立って練習したのを背臥して繰り返せばよい。膝を曲げず、足を交互あるいは一緒に十数回上げまた伸ばす。これで十分腹筋を伸縮させる。

次に膝を曲げて上下に振る。立っている時は、同時に両足を運動させるこ

背臥
上を向いて寝た状態

とはできなかったが、伏してやれば片方でも両方でも、勝手にできる便利がある。なお、物を踏むように膝を伸縮するのである。

この他種々各筋肉および関節の運動はできるが、このところでは長くなるから略し各自に勝手に練習するようにするがよい。

以上の体操は、一日の中で何時がよいかというと、わずか幾分あれば十分できるから必ずしも一日に一度でなくても二、三度もやってよい。しかしまず朝一度くらいでもよい。

すなわち先に冷水浴について一言したが、あの冷水浴をやって衣服を着る前に、裸体でこの体操をやるのが一番よい。冷水浴をやってこの体操を終わるまで十数分あればできるのである。

もし冷水浴も摩擦もせぬ人は、朝起床後、洗面して、室外に出てこの体操をやるようにすればよい。運動にもなりまた、朝食もうまい。

一日のうち一回は瞑目して世事を脱し仙境に

この運動が済んだならば、次に深呼吸をやるがよい。駈歩には、肺活量が大きくなければならないから、平素、深呼吸でもして練習するがよい。ちょうど朝は空気も新鮮であるから、体操をやった後で、深呼吸をやるがよい。鼻から静かに吸い込み、暫時蓄えて、それから、口から、少しずつ吐き出すのである。

しかしこの深呼吸を始める時は、十分吸い込み、また十分吐き出せば、あるいは卒倒することがあるから、初めのうちは八分くらい吸いまた出すこと五、六回そうして、一日一日と、十分呼吸するようにするがよい。

これが済んでから、瞑目して無我の境に入るようにする。静かに、何も考えずに精神を落ち着けるのである。人は一日のうち少なくとも一回は、瞑目して騒がしい混沌たる世事を脱して、仙境《せんきょう》※に入らねばならない。これは夜、睡眠以外にやるがよい。

仙境 俗界を離れた静かで清浄な場所

かの近頃人のよくやる腹式呼吸とかもこの無我の境に入って、精神集中をやるものらしい。しかしこの腹式呼吸と駈歩との利害関係は、吾人はいまだ腹式呼吸をやらぬから名言はできないがあまり奨励は決してしない。

次に注意すべきはいずれの運動でもやるがよい。雨が降って走れない時は、剣道でも柔道でもよい。その他テニスでも、野球でも、なお百姓仕事でも甚だ結構である。ただ何もせず静止することが、駈歩には禁物である。

その証拠には、学校などで、特別に駈歩を練習した人はいざ知らず、何か常に運動している人は、よく長距離などに見事な成績を占めることがある。これは平素運動しているがためである。しかし他の運動例えば庭球《ていきゅう》、野球、柔剣道等をやるのは、駈歩の余暇にやるかあるいは楽でやるのであって、決してこれを主とし駈歩を従としてはならない。

七、故障一般

練習の後、体が熱くなっても決して全身を冷やさない

身体を冷やさぬこと

駈歩の練習をやったり、競走をやったりした後で、精力を消費して疲労を感じるようになると、多くの人は、全身が発熱した時のように、身体が懶《ものう》く※冷たいものに触れたがるのである。

すなわち、裸体で涼しい風に吹かれるとか、進んでは清水を足や全身にかぶって一時の快を取るのである。しかしこれはよほど危険なことであって、ために足の諸筋肉や膝や足の裏の関節を痛めるようになるのである。ゆえにたとえ、練習や競走して、多少熱さを感じても、全身を冷やすことを避け、

懶く　だるくおっくう

かえって衣服とか何かをまとって、温を保たせる心掛けが肝要である。初めての人には特に身体を冷やさぬように注意してもらいたい。

駈歩を練習しだしてから、十中八、九の人は、足部はもちろん肩や、腰部の筋肉や関節までも故障を生ずることがある。吾人も、初めは練習についても無鉄砲にやったものだから足の筋肉や膝の関節を痛めて、大いに困難迷惑を感じたことがある。

一度などは右の膝の外方の腱を痛めて、足が伸びなかったこともあった。実に困ったのであるがこれは今から考えると、毎日盛んに練習して過度に陥ったため関節の疲労より引いて、腱が痛んできたのであろうが、また一方駈歩のために身体が熱さを感じてくるので足を風に当てたり、水で冷やしたりして一時の快をむさぼったために、急激な冷却から故障を惹起するに至ったのである。

疲労から起こる故障よりも、この冷やし過ぎたという点から足などが痛むという方が多いかもしれない。それで、その実証を得るために各自が、足などを外気に触れさせていて、走った時と、足を何かで包んで多少温暖にしていた時走ってみて、両者の具合を比較してみると、よく合点がいく。

足は外気に当てるより暖かくして走った方がよい

まず何かで足、あるいは全身を暖かくしていた時走ってみると、初めは、何だか筋肉が伸びているようで変な心地がするが、いざ走り出してみると、筋肉はもちろん、諸関節まで滑らかに運動するが、これに反して足あるいは全身を外気に当てていた時は、初めは筋肉なども締まっていたようだが、いざ走ってみると筋肉や関節の運動が不自由を感じるのである。これは、実際両方を試みてみると直ちに合点がいくので口では言えないところがある。

かく練習の時から、足や全身をなるべく暖かくしていることはもちろんのことであるが、この注意があっても、足の筋肉や、関節を痛めることがある。

これはやむを得ざることで、各人必ず一、二度はこの経験をなめるのであるから、できる限りこれを減少させるように心掛け、もし足の筋肉や、関節、あるいは、俗に言う向こうずねが痛む時は、医者の診察を乞うことはよいが、自分でその部分をなお一層、暖めるようにしておくことをせねばならない。

すなわち走る練習の時は致し方がないから、平素の練習服装でよいが、終わってから、風に直接当てぬよう、足ならば、ズボン下でもしているようにして暖を保たせなお無理に使わぬようにするがよい。

そうして練習を続行しても差し支えないくらいならばやり通すのもよいが、少し重なってきた時は、断然練習を中止してその休養をなすがよい。すると早く回復するのである。

この冷却を防ぐために、冬などの練習は、厚着をした方がよいと言ったのである。

なお雨中とか、雨は降らなくとも、泥濘《でいねい》※の時、雪の上等を走る時は足に

泥濘
ぬかるみ

注意せねばならない。平素ならばよく足も安定の地位を取れるが、地面が滑る時は、足も不安定で滑りやすいためによく腱を伸ばすことがある。

また雨中とか、水中を走っても膝の関節を痛めることがあるから、天気のよい日に相当の練習を積んで、しかる後例外として積極的に雨中でも水中でも、走ってみるようにするのが安全である。

今ちょっと思い出したが、地面が泥濘等で滑りやすい時は、裸足よりも、足袋を履いている方が滑らないから足袋を用いるようにするがよい。

めまいがしたら風通しのよい木陰で休む

大小便

駈歩をやるすぐ前に、大小便を出しておくことを忘れてはならない。ことに長距離競走の時など、よく途中で小便、あるいは大便を催すことがある。いかに速い人でも大便をやっては遅れるに決まっている。これは、走る前に出しておけば造作もないことであるがつい忘れてしまうから習慣となるようにせねばならない。

なお暑気が甚だしい時に長距離を競走するとか、あるいは過労の時、小便が茶褐色を呈してくる。この時は多少驚かざるを得ないが、そこまで心配する必要はない。何人もよくあることでマラソン競走などをやった後の小便を見ると、よく茶褐色をしている。

これは水分の蒸発と、排せつ物が多くなったためであるから、走り終わってから、しばらくたって、水か湯かの飲料を摂取するがよい。二度くらいは、特に色が著しく見えるかもしれないが、また元の小便の色を呈するに至る。

目くらみ

長距離を走っていて、疲労を感じ、その疲労を無理に押し通すか、あるいは、炎天の下で駈歩を練習したり、競走をやったりすると、初めは苦しく呼吸などが切迫してくるがこれを我慢して走っていると、頭に血が上るような心地がして、ついには、目が俗に言う回るのである。

すなわち、不安定の状態となりなお走っていると、倒れるに至る。軍隊などで夏の行軍の際よく、この卒倒者を出すのである。この場合、めまいがしだしたならば、風通しのよい木陰に休み、付近に井戸などもあれば、くんで頭を冷やし、また手拭いで汗を拭き、なお飲料水など多少飲むがよい。すると間もなく、元気も回復してくる。

これは自分でできるが万一この状態を通り越して、人事不省に陥った時は、他の人が手当てをしてやらねばならない。この心得も必要である。

まず夏などに駈歩して、奮闘ついに卒倒するに至ったならば、医者を招くことが第一だが医者の来るまで応急手段をしてその人をまず風通しのよい日陰に運び衣服を脱がし全身を手拭いなどを水に浸して冷やし、水を口から入れてやる。

日射病で死んだポルトガル五輪選手

かかる間には医者も来るからそれからは、医者に一任すればよい。卒倒したとて、狼狽する必要はない。ただ心配なのは人のいない所に卒倒した時で、その見出した時間が遅くなるとついに、そのままに蘇生せずに終わることがある。

先年ストックホルムであった、オリンピックゲームの二十五哩※競走は、七月十四日の正午に出発し八十七度（室内で）の炎暑であったので、だいぶ多くの日射病者を出したが、その中にポルトガルの一選手※も日射病で倒れ、不幸にも手当ての時間が遅れたため蘇生せず、無残の死を遂げたのである。

しかしこれは、例外で、かかる例は千に一つもないのであるから、心配せずなお進んでどしどし炎天の下で練習もするし競走もして速くなるばかりでなく、剛健な心身を養成しなくては、いかで東洋の覇者となることができようか。吾人青年大いにやるべきだ。

二十五哩
25マイル＝40・233km

ポルトガルの一選手
フランシスコ・ラザロ。ストックホルムオリンピックのマラソン競技中に倒れ、翌日に死去した。近代オリンピックが始まって以来、オリンピック競技で死去した初めての人物。

なお駈歩をして死ぬことはないかとの問いを聞くことがある。死、生、命ありで吾人はいずれとも言うことはできない。たとえ駈歩しなくとも死ぬ運命の人は死に激烈に駈歩してもますます強くなる人もある。

しかし吾人は、駈歩をして死ぬことはほとんどないと言いたい。もちろん卒倒はしよう。故障は起ころう。が手当てを十分にやれば、何のことはないのである。その適例として第一回大日本体育協会の十五里競走に起こった、事実を引用して、やる人の参考に供したい。

時は大正二年十一月中旬、戸山学校※の庭で大日本体育協会主催の運動会が催された。集まる者全国より数百人、その中で最も注意を引けるは、十五里競走であった。

十五里である。一日がけでも容易ではない。実に壮挙ではないか。この壮挙に参加した人で東京高等師範生で甲藤君があった。

いよいよ出発して七里半郊外の道を走りまた同じ道を引き返す順序である。ところが氏は出発の時より常に先頭で、十五里の道を走り、戸山学校の

戸山学校
日本陸軍の軍学校の一つである陸軍戸山学校。所在地は現在の東京都新宿区戸山。

約二町の所まで達した。時に氏に従うものは氏に後れる約二里、実に見事な成績であったが、不幸にして精力消耗し、二丁たった二丁――の所で卒倒したが医者の手当てですっくと立ち上がり、また走り出して決勝線※に入った。入ってまた卒倒した。

この時氏の全身は冷え切って、鼓動などもほとんどなきがごとくであったが、十分の手当てを尽くしたので、次第に元気づいて三、四日で回復したのである。

横腹の痛む人はなぜ痛むか考える

この卒倒するに至るまでの氏の努力、他の人の及ばないところで、人もこれまで行かねば真に成功はできない。残念にも倒れたが医者の手当てを受けて一着になれなかったがその奮闘を賞するため特別賞を渡された。

氏の卒倒は精力消耗であって、また次第に精力が付いて元のとおりとなっ

決勝線　ゴール

てきたのである。これを見ても人がそう無造作に死ぬものではないことが分かる。吾人はよろしく安心して走るべしだ。

横腹の痛み

吾人が食後間もなく走るとか、腹にまだ食べ物が残っている時走ると、時としては俗に言う、横腹が痛み何としても走れなくなることがある。この横腹の痛むのは駈歩には大の禁物で十分注意してこれから脱する工夫をせねばならない。

第一に注意すべきことは、駈歩の時横腹の痛む習慣の人は、何故に横腹が痛くなるかを考えねばならない。食後なお胃の中に食べ物が残り過ぎてはいないか、あるいは空腹ではないか。もし、腹に食べ物が残り過ぎているならば、駈歩するのに少し時間をおいてやってみる。なお空腹の時走ってみてまた腹が痛むようならば、空腹でない時に走る。

以上のごとく種々の方法をやってみると必ず横腹の痛むのがどうして起こるかが分かる。しかる時はその時間などを考慮してちょうどよい頃練習するようにせねばならない。

なお予防法として、食後間もなく走る時は、十分食べ物をそしゃくして、胃の働きを軽減してやるようにするがよい。かつ食事の際はできる限り水分を飲まず、胃液の消化を十分させねばならない。

午前八、九時頃に練習なり競走なりするならば、朝の食量を少し減じ汁を吸わずして汁の実くらいを食し、お茶なども少し飲むようにすれば長距離を走っても横腹の痛むことはよほど少なくなってくる。

しかし不幸にして万一横腹の痛む時は、致し方がないから速力を緩めるか、なお走りをちょっと中止するか、あるいはうんと下腹に力を入れるがよい。

増田ノート

「故障一般」について①

故障予防のために筋肉や関節を温めることは今も同じです。でも走った後は筋肉を冷やすのが、疲労回復や故障予防には重要なんです。アイシングと言っていますが、野球のピッチャーが投げ終わった後に、肩やひじにギプスみたいなものを付けてインタビューに答えるシーンを観たことありませんか。あれは氷なんです。冷やすと炎症が広がるのを抑え、疲労回復にも効果があるんですよ。マラソン練習でも走り終わって、ストレッチをした後、氷水を入れたバケツにみんなで足を入れます。足湯の反対ですね。

故障をした後のことはあまり書かれていませんね。痛みを感じなくなるとあるので、気持ちの強さで克服していたのでしょう。熱中症になった場合の手当については事細かに解説しています。でも、「卒倒はするけど死ぬ例はほとんどないから、心配せずに炎天下でも練習して、剛健な心身を養成しなさい」と。やっぱり根性が今とは全然違います。

私も1984年のロサンゼルス五輪の前、暑さ対策として暑い中で練習をし続けました。ニューカレドニアで灼熱の太陽が照りつける昼間に走り込んだり、宮古島でも一番熱い時間帯にトラックで厳しい練習をしたり。へとへとに疲れ果て、最後の5000mのタイムトライアルでは宮古島の女子高生に負けちゃって、ボロボロの体でロサンゼルスに向かいました。同じような練習をした瀬古さんも血尿が止まらなかったそうです。その失敗から、暑い中でのマラソンに向かう際には、涼しい環境で厳しい練習をして鍛え、暑い環境での軽い練習で体を慣らすという練習法に変わりました。金栗さんの教えは1984年まで続いていたのですね。

長距離走はのどを痛めやすい。うがいをする

一体横腹の痛むのは食料がなお胃に残っている時に起こりやすいのである。吾人の経験によると、横腹の痛むのは、この胃に食べ物が残って消化作

用がまだ行われている時に走るから、一方走るため吾人の肺活量がまた増大してくる。この肺活量の増大するのはいきおい、空虚のある横隔膜の方面であるからこの時胃になお食べ物が入っていて下の方面に圧迫されることができず、従って胃と、肺との中間が無理に圧迫されて、横腹の痛む現象を来すのではないかと思われる。

故に胃の中に物が十分入っていない時走ると平気であるが、物が十分入っている時走るとよく痛くなるのである。

含嗽《がんそう》

長距離駈歩練習中は、塵埃などを吸入することが多く、従って咽喉を害しやすいから平素一日に朝夕くらい、食塩でよいから水に溶かして、うがいするがよい。

大切な咽喉を痛めては、走ることはできなくなるから練習中はもちろん平素においても絶えず少しずつ、うがいしていて咽喉を強壮にしておく必要がある。

僕がこの五月上海の極東競技大会に参加し得なかったのも、残念ながら、この咽喉が痛んだからで、これも僕の不注意から起ったこととまた何を恨まんやである。それで諸君は僕の失敗を鑑みて平素よくやってもらいたい。

増田ノート

「故障一般」について②

金栗さんは１９４６年に熊本県体育協会会長に就任。故郷のために様々な活動を行ったそうです。熊本出身で１９６４年の東京五輪４×１００mリレーに出場した松尾任子（旧姓・井口）さんに金栗さんとの思い出話を聞きました。それは金栗さん80歳位、松尾さん30歳位の時。熊本県庁の前で偶然に会い、金栗さんは尚絅短大に教えに行くところで、一緒に歩こうと言われ2人並んで歩いたそうです。松尾さんは電車通りに出て、水前寺から電車に乗るだろうと思っていたが乗らない。「若か自分だけ乗るわけにもいかんでしょが」と、結局目的地まで3km位一緒に歩いたそうです。「歩くのが速くて驚いたとよ。背筋が伸びた、姿勢もたいぎゃ良かった」と。そして、これからはもっと女性スポーツを盛り上げていかないといけないと話していたそうです。何故なら「女性を健康にしないといい子どもが生まれない。いい母体を作らないといけない」と。素顔は「いつも優しくて淡々としとらしたー。熊本に対する愛情も溢れとった」と。

米寿を迎えた金栗さん、同じ歳の宇土虎雄さん（柔道）と一緒に熊本陸上競技協会がお祝いの会を開きました。松尾さんも出席していて、金栗さんはすごく喜んでいらして、お礼のスピーチも明るくて面白かったそうです。

長距離駈歩について

一、身体の姿勢

イ、目の付けどころ

視線は目と平行か、むしろ視線を下げる方がよい

駈歩《くほ》を練習するには、心身を経済的に、すなわち無理をしないようにするのが、最も大切なことである。それで体姿についても、多少でも精力経済を図って、ひたすら速く走れるように工夫せねばならない。故に目の付けどころにも幾分、工夫すべき点があると思う。

吾人が、体操の際、不動の姿勢を取っている時はその目標は、目と同じ高さにある物を見ていなければならない。目の高さより下を見たり、あるいは

その上方を見つめたりするのは法に適さないと言われている。

しかるに駈歩の時の目の付けどころはこれに反して、自分の目の高さすなわち目と平行の所以上を見ているよりむしろ視線を下げる方がよい。すなわち一人で走る時は三、四間※前方を、列をなして走っている時は前の人の腰の辺りを見ているのである。これが一番、目や頭の筋肉を楽にさせて無理をしない方法で、長距離駈歩にはよほどの精力経済となる。

これは各人が実験してみると合点がいくことである。それで各自に視線以上を見たりまたうつむいたりして、いずれが気持ちがよく気楽かを試してみて自分に適する方法を選んで、実行するがよい。

視線は幾分下げるすなわち三、四間前方を見ているのがよいが、しかし絶えず一点ばかり見ていてはならない。時には左右も見る。また前方も見て道路の迂曲凹凸《うきょくおうとつ》※善悪のいかんを見ねばならない。

しかし目を使うにもそこに注意せねばならない。目は走っている時は両側に何があるとか、そのくらいのことは漠然と見ても一向に差し支えはない。

三、四間
約5・5～7・3m

迂曲凹凸
曲がりとでこぼこ

しかしあまり注意して活動写真を見るように目を使うと、疲労して目の過労を来し、全部の疲労を早めるのであるから目も経済的に使わねばならない。不必要なものはあまり見ないことを希望する。

実地について見ると吾人が走る時は、初めのうちは精力余りあってか、前後左右を見る傾向があり過ぎる。その結果早く目も疲れるしまた心も絶えず動揺して落ち着かず、そのため遠くも走らない前から精力消耗を来すので肝心の走ることに全精力を集中することができない。それで目も一物たりと見落とすまいと苦心するよりもあまり開かず進む道路を見るだけで結構である。

もちろん目は満開しても物を見なくしていればよいが、われわれ凡人は、そうはいかないから、初めのうちは広く開いていればよい。

かくして目より入り来る刺激をよほど減じて精力を走るそのものに使うことができる。長い間にはいかほどの精力節用となるかしれない。

増田ノート

「身体の姿勢」について①

体力をいかに温存するかが大きなテーマになっていますが、目に入る刺激まで減らすようにするとは、きめ細やかですね。でも今でもマラソンは「30㎞までは寝ていなさい」と言われるんですよ。余計な動きをせずに、体力を少しでも温存して最後の勝負に備えます。集団の先頭で走ろうものなら、走るペースや見えない後続の状況、路面にも気をつかいます。脳が消費するエネルギーも大きいんです。スピードの上げ下げ、心理戦など駆け引きが始まる30㎞まではエネルギーを貯めておかなくてはいけないのです。

ですからマラソン中継を観る時、前半目立たない選手に注目してください。いるかいないか分からないような選手です。集団の中で寝てるんです。そういう選手が勝つことがよくあります！

ロ、腕の持ちよう

拳は鶏卵を握った心持ちで握ればよい

拳。拳は親指を外にして軽く握る。鶏卵を握った心持ちで握ればよい。そうでなくて力を入れて拳を握ればそれだけ精力を使うのといまひとつは拳を握っているという意識があるから早く疲れる。

それで拳の握り方もなかなかばかにはできない。少しのことだと言ってどうでもよいと放任しておいてはならない。それからこの拳も普通は上述のとおりだが、速く走るとかあるいは寒中に走る時などは多少固く縮めるのである。

さて拳を多少固く握っていても、冬などには汗も出ないし、熱も発しないが、夏などの暑い時はたとえ拳を軽く縮めていても、汗が出て手のひらが熱さを感じるからこれを放散させるため、時々指を伸ばして、風に当てる。すると気持ちもよく、汗も散じ、拳の疲れも一時減じてくる。

両腕。両腕は肘を中心として、自分の程よい具合になるべく前後、または多少斜めに振る。人々によって各自に適否があって一概には言えないが、前後かあるいは幾分斜めに振るくらいがよいと思う。全く横に振るのは、上体を左右に動揺させて、前に進まんとする運動を幾分阻止する傾向がある。

両手を振るにも、肘をうんと曲げ、拳が胸の辺りにくるように曲げる人もある。これは悪い。肘を常に曲げているにはそれだけ、精力を要し、自然に両手を振るのに反しその間無理を生じてくる。

故に両手は胸の辺りまで曲げず、肘を中心としてなるべくならば前腕部を任意に前後に振って、両肩は動かさない心地でいる。肩から動かすように手を振ると、ひいては上体が動揺して、胸や肩の筋肉の運動以外、大切な内臓までも疲れてくる。それで両手は走るために幾分肘を中心として曲げ勝手に前後あるいは幾分内側に振るのである。

速力が早く歩幅が広くなれば従って大きく振り歩幅が狭く速く足を運べば

手も速く振らねばならない。要するに手は走るのに体の平均を取るのであるから、以上の法により自分の任意に振ればよい。

もちろん、手と足と呼吸は一つずつ絶えず、連絡しておらねばならない。

ハ、胸腹部（上体）

胸部は反り過ぎたり、前方に曲げ過ぎないようにせねばならない。曲げ過ぎる人はあまり多くないが、反り過ぎる人はままある。

その過ぎる理由は目の付けどころが自分の目と平行する物より高いか、または肘を曲げ過ぎて、胸の辺りまで持ってくるから自然と胸部が反るのである。反り過ぎると胸が張って無理をするようになって疲れてくる。

それでかかる癖のある人は、まず目の付けどころを幾分下げ、また肘を曲げず、拳を下げると胸が張らず、上体が少し前方に傾いて余裕ができ楽になってくる。腹部は胸部と同じである。

二、脚部

両足は平行に踏みつけねばならない

だんだん頭の方から下って脚足について見ると、両足は平行に踏みつけねばならない。われわれ日本人は、平常座する時、あぐらをかくから膝の辺りが外方に曲がり、足の先も外の方に向いている人が多い。

足の先が外に向いているのと、平行しているのとは同じ一歩についても二、三分の差ができる。一歩ではわずかに三分でも数万歩となると、その距離は大いなるものになる。一滴の水が集まって大洋となるのと同じことである。

足のつま先を一直線に直角な二つの平行線に自分の足を乗せて試してみるがよい。かつ走る時は早く足を動かすから、自分の目に付かないかもしれないから、人に見てもらうか、なお平素の歩行の時この心掛けをすることがこれを直す第一の近道である。

足が地を踏むのは一歩ごとに足の裏全部を同時に着けるのがよいようである。多少先端かかかとが早く地に着いても人によって差し支えはない。つま先のみで走るのは、短距離を走る時で、長距離には足の裏全部を同時に着けて、その使用する部分を平均にせねばならない。踏みつけてまた蹴って出す時は無意識に足は出るものであるから、詳しくこの所にどうして蹴るなど言う必要はないから略する。

増田ノート

「身体の姿勢」について②

最近は、ドラマなどの影響などもあり、ミッドフット着地やフォアフット着地なんて言葉を耳にするようになりました。金栗さんは足の裏全部を同時に着くミッドフット着地を勧めています。

もともと800mの選手だった私は、マラソン練習をするようになってかかと着地に変えました。体重移動がスムーズで、長い距離を走っても楽だと考えられたからです。でも最近ではフォアフット（つま先）での着地が主流になりつつあります。ただ誰でもつま先着地にしたら速くなるというものではありませんのでご注意を。骨格、腱の強さ、歩幅など多くの要因が絡んでいます。

足の構造から、体の前方で着地する場合は自然とかかと着地になります。足は振子運動をしているので、体の真下で着地をすることで腰高のフォームになります。つま先で着地し、後ろに引っかくようなイメージで走るのがフォアフット走法なんです。

ホ、歩幅と呼吸

歩幅は身長により各自差があるが、練習を積んでくると、ある程度までは股が広がって、一歩の間隔も広くなるものである。

速く走るには股が人より開いて、足を交わすのがまた速いようにすればよい。すなわち、一秒に人が四歩交わすなら、自分は五歩を交わし、一歩の幅が人が五尺なら自分は五尺三寸もあればこれこそ天下無敵とも言うべきである。

われわれの理想はこれで、これに達するために努力もし、苦心もし、あらゆる方面から研究をせねばならない。しかし初めからそううまくはいかないから平素の練習に注意し股を開く稽古や、足を速く動かす予備の運動をするがよい。

初めての人は自分相応の歩幅でよい。無理に幅を広めようとすると、大腿部から腰部の筋骨が疲れて走れない。だから、練習の時に多少ずつ心掛けて幅を広めるようにすればよい。

呼吸を四つに分けるのが最もよい

次に歩調と密接な関係があるのは呼吸である。手と足と呼吸は連絡して程よく調和を取るようにせねばならない。三者中そのいずれかが乱れるとはや駄目になってくる。

呼吸は平素では、スーと吸い込み、またスーと出すが走る時は、吐き出すにも、吸い込むにも二つに切るので、これをそばから聞いていると吸う時、スー、スーと音がしまた出す時も同様である。この一呼吸を四つに分けるのが最も簡便でしかも最もよいようである。そうして普通は鼻からして時々呼吸を調節するため口からやるのである。

これと同時に手と足は絶えず前かあるいは後ろに動かしている。一呼吸が四つに分かれ、それにつれて手も足も四度運動するのである。この態度で走っている時はその具合がよく走れるがいずれか一つ乱れてくると走るのに不都合を生じてくる。

長く走るとかひどく走って呼吸が苦しくなった場合には、口からやる。なお進んで胸が苦しくなってくる時は思い切って、大口を開いて十二分に空気を吸いまた出すこと三、四度すれば、当座ではあるが一時呼吸の調和が取れてくる。

一般に走る時は、呼吸は静かにし、一時にうんと吸入したりまた空虚になるくらい排出してはならない。一呼吸を四つに区分するのも自然と静かにやり、一時に吸い出しをしないためである。これは肺の活用を楽にさせ永続させるためであって呼吸の度が多ければ肺の疲労も従って早くなってくるからである。

なお走っている時は手もだいぶ使うため疲れる。平素手の運動もやる必要がある。なおさら足をよく運動させておくことは必要で、走っていて胸が苦しくなる、すなわち呼吸の切迫してくる前に、足が疲れて思うように前に出せない人と、呼吸は苦しいが足はあまり疲労せずどんどん進んで行く人とがいる。

朝は空気を鼻から十分吸入し、また静かに鼻から出す

平素何かある運動をしている人は、一般に、足も早く疲れず、呼吸も割合に楽であるが、何も運動しない人は、いずれも早く疲れてくるから何か平素運動しているかあるいは駈歩を徐々に練習していると、足の疲れも、呼吸の不調和も幾分か減じて楽に走れるようになる。

それで肺活量を増大せんとするには平素から、朝など新鮮な空気の中で静かに鼻から十分吸入しまた静かに鼻から呼出すること五六回ずつもやっていればよほど効果がある。

以上は概略ではあるが、走る時の身体の姿勢について述べた。しかし人々の体質等の差によって適不適があるから、よく自分で研究して適した方法を探って練習するがよい。

走るのにただむやみに走るのと少しずつでもよいから注意して走るのとは、上達する上で大いなる差が生じてくる。一方は経済的に容易に走り一方

は精力を不経済に使って得る成績は大したものではない。よく考えてやる必要がある。

二、練習の時期

駈歩は最も簡便な運動であるから、時期を分けず年中できる。寒い冬でも、暑い夏でももちろんできる。しかし多くの人はそう年中走ることはよほどの忍耐が必要である。その他学生では学課などもあり絶えず続行することは困難であって、多くの人が練習するのは春、秋の好期くらいである。その間に多く運動会があり自分の運動会に参加したり進んでは他校に選手として出るため、一月か二月の間は猛烈に練習をするが、それが済むとまた中止する。

これでは最も激烈と言われる走りを、急にやり始めまた急にやめるので、身体に異常を来すこともあって、決して体育上有効ではなく駈歩の進歩上達を期することはおぼつかない。

真に駈歩により心身を健全にして、なお速く走れるようにするには速成《そくせい》※的な練習ではなく毎日毎日少しずつ連続することが最も大切なことで、初めは駈歩に不適当と思われた人で熱心な練習の結果大選手の資格を勝ち得た人も多くある。

故に心身の鍛錬のためにも、また駈歩そのものを上達させるにも続行することが大切である。今ここに四季にわたって練習の大略を述べて参考に供したい。

イ、春季の練習

春は秋と共に一年の中で一番よい季節である。ことに運動などには別してよい。かの冬枯れの惨状から脱した春は青々たる草木の世界が出現し吾人に生気はつらつたる血と肉とを与える心地がして戸外へ戸外へと出ないわけにはいかないのである。実にこの期には自然と何か運動でもしたいようになっ

速成
短期間で仕上げること

て、人の勧めもなくて自分から進んでやるのである。

実際春は吾人青年が、冬季蓄えておいた精力を有効に発動させるべき時で駈歩などは最もよい。ことに初めて駈歩を練習する人などには、春からやり出す方が順序の上からも、好都合であってすなわち学校で言えば新学年、駈歩でも好時期共に心身を鍛錬していくに適当している。

さていよいよ駈歩を始めるには、前に述べたあの駈歩の服装でやる。学校の往復とか、何かのついでに駈歩を利用する時は致し方なく着の身着のままで走らねばならないが、特に駈歩を練習するには、規定の服装の方が便利でもあるし、また運動の精神にもかなっている。

肘までのシャツ、ことにこの時期のは薄い地質を選ぶがよい。さるまたのようにひもで締める半ズボンの膝の上くらいのがよい。これにくるぶしの出る足袋、帽子は用いても用いなくともよい。帯は締めない。この他のものは一切持たないこと。

その練習の時間は、午後の三時頃から始めるのである。この頃はちょうど学生ならば放課後で学校で疲れた心身を空気もよいかつ広々たる郊外に出て、全く万事を念頭から去って走り、そうして心気一転爽快な頭で夜は学課に専心することができる。しかるに室内などに何もせず引きこもっているのは甚だよくないのである。

さて一日のうち、初めはどれくらい、練習するかと言うと、距離も速力も次第に延長して、かつ早めるのである。決して血気の勇に任せて、初めからいわゆる精いっぱいに練習してはならない。

十五歳くらいから駈歩を練習するがよい

それも年齢や身体の強弱があって、一定することはできないが、まず普通人で十五歳くらいから駈歩を練習するがよい。なお十歳くらいから練習しだしても度を越さずにやれば甚だ結構である。

さてその練習の方法は、初めは歩むことから始める。ただ単に歩むということも困難なもので、ことに速く歩むのはかえって走るのよりも疲れ苦しいのである。しかし歩むのは走るのよりも自然的で激烈でないから、いわゆる全身の基礎がこの間において次第に築かれるわけになる。

この上に駈歩そのものをやれば自然と無理をせず上達する。それで、歩行力の弱い人は、到底駈歩の強い人ではない。歩行と、走行は一致しているのである。

この歩行の弱い人は、まずできるだけ足を使う運動をすればよい。電車とか馬車に乗らず、自分の足で歩むようにすればよい。この他学生であれば、土曜や日曜には、遠足会でも催して、遠近の名所旧跡を訪れるのも有効である。自分がそうまで弱くなくとも、初めは、歩行力から練習して次に駈歩に入った方がよい。

増田ノート

「練習の時期」について

春には練習開始時間を午後3時位からと言っているのが、いかにも文武両道の金栗さんらしいです。学校で疲れた心身を心機一転でき、爽快な頭で夜は学課に専念できるとあります。当時の陸上選手は学生中心だったため、あくまで中心は学業なのです。また、陸上競技を始めるのは早くても10歳位、普通で15歳位からと。やはり早いうちから無理をすることによる心身への弊害を心配していたのでしょうね。早熟な選手が大成することは未だに少ないです。

私も高校時代に３０００、５０００、１万m、ロードの10㎞、20㎞、フルマラソンと、６つの日本記録を全て塗り替えました。黄金時代でしたね。でも、体脂肪率８％台まで体を絞り込み、生理が止まった時期も2年半ほどありました。10代での骨の成長が阻害されたため、20代では疲労骨折ばかりしていました。

「15歳くらいから10年計画で練習をすれば世界第一流の選手を出すこと火を見るよりも明らか」と、金栗さんは全部お見通しでした。

初めは半里くらいから始めて延長していく

いよいよ以前よりも歩行力が強くなってきたと思えば、徐々に目的たる走ることに移っていく。その走る練習も、できるなら、毎日やるがよい。時間で言えば一里※を約二十五分以内くらいでよい。初めは半里くらいから始めて一日二日と次第に心身が具合よくなるにつれて距離も一町、二町※と延長していくのである。

しかし自分が時計を持っていないと、何分要したかちょっと見当がつかない。その時はとにかく自分で余裕のある速力で走りさえすれば結構である。決して速力が遅いからといって狼狽《ろうばい》するには及ばない。

自分の身体が一定してから、うんと速くなればそれで十分でまだ年もいかないのに速くなくとも安心してよい。

練習を始めてから毎日、しかし毎日できなければ、隔日でもよい。身体の疲労を訴えない程度で走ればよい。こうすること半年一年二年となるにつ

一里
3・927㎞

一町、二町
1町＝109・09m、2町＝218・18m

れ、走るに適するようになって、走る服装をして家を出ると、大抵の惰気も去ってピンと筋肉や心が締まって、よく走れるようになり、全く見違えるほどの元気が出てくるものである。

今その練習の順序をまとめてみると、

一、駈歩を始めるのは早くて十歳くらいから始めること。尋常の五、六年くらい以上から。

二、初めの二、三年間はどれくらいの距離を走るとか毎日何時頃走るとか規定せず小学校往復とかその他の機会を利用して自分一人で走るつもりで走り疲れたならばいつでも途中で休みに移りまた走るというように、歩みと走りを交互にやるがよい。服装も着の身着のままでよい。なお車などに乗らず足を使わねばならない。

三、十五歳以上（すなわち中学程度諸学校生）になるとはやだいぶ身体も歩行走行に適してきて多少は走っても差し支えはない。すなわち十五六より二十歳以下では六、七里※以内を練習しまた競走もする。二十歳以上

六、七里
約23・56〜27・49km

くらいから激烈な十里以上の競走に参加する方がよいと思う。もちろんこれにも例外はあるから規定の時間を定めてやった方がよい。三里、六里、十里※の競走に参加せんとしての練習日割りを略述すると、（少なくとも二月くらいは競走のために練習するがよい）。

	三里	六里	十里
月	一里（約二十分）	一里（二十分）	二里（三十五分）
火	二里（山坂のある所）	二里（三十分）	四里（六十四分）
水	一里（二十分）	三里（山坂を選んで走る）	一里（十五分）
木	三里（四十五、六分）	二里（三十四、五分）	二里（四十分）
金	一里（二十分以上）	五里（八十分）	七里（百分）
土	一里半（三十分）	一里（二十分）	二里（三十二分）
日	六里（歩む）	十里（歩む）	十里以上（歩む　山坂のある所）

三里、六里、十里　約11・78㎞、約23・56㎞、約39・27㎞

以上の中、学生ならば時間割を見て学科が少なく易しい日に最も長距離を走るようにすればよい。歩むのは遠足でもまた山登りでもよい。山登りならば距離は短くてなおさら有効である。

三年も練習すれば、走るに適するようになる

毎日練習して多少速くもなってくると他人と競走してみたくなる。すなわちこの競走したさに日頃の練習もするしまた苦しみも努力もする。競走は吾人にとって進歩向上の要訣《ようけつ》※である。それで時には、人と競走してお互いの力を試すのもよい。また自分一人で一定の距離のレコードを取ってもよい。かく面白味のあることもやらねばならない。

まず三年も練習すれば、大体走るに適するようになってくる。もちろん上達の差異はあるが、そのうちで自分に最も適した距離を選んで、その距離を自己専門のものとして、その距離では誰にも劣らないようにならねばならな

要訣
物事の最も大切なところ

い。しかし練習する時は、短いのも多少長いのもやらねばならない。

ロ、夏季の練習

これまで走ったことのない人が急に暑気盛んな夏季に練習を始めるのは、困難なことであって、身体の弱い人などにはかえって悪い影響を来す。それでそろそろと春頃から練習して、漸次《ぜんじ》、夏に及ぼすのが理想的な練習法である。

故に長く練習した人や、既に春から練習した人について夏季練習、すなわち徒歩の暑中稽古について研究してみる。

炎天焼くがごとく草木の葉も、ために萎む盛夏の駈歩練習は何と言っても男性的である。少なくとも吾人日東健児※の将来を思う時、八、九十度※の暑さにへこたれず、三里か四里かは朝飯前に走れるようにならねばならない。

日東健児
日本の血気さかんな若者（日東は日本の別名）

八、九十度
華氏80度は摂氏26・7度、90度は摂氏32・2度。「八、九十度」は現在の26～32度の気温を表している。

さて何と言っても九十度近い夏の真っ盛り、吾人は暑気に耐える心身を養う他、一方速力を出すようにせねばならないから、この速力の点にも十分注意せねばならない。

第一服装のごときも暑気を避けるもの、すなわちシャツは地質薄く、汗などがよく発散しやすく外気と接しやすいもの。帽子も初めはかぶっているがよい。半ズボンは平常通り、足袋は裏の厚いのでも薄いのでもよい。ハンカチは持たずとも、顔の汗は手で払い落とし、ただ目に汗が入らないようにすればよい。

週に一、二度は全速力で一定の距離を走るのもよい

一日中駈歩に最もよい時期は午前八、九時頃、この頃は涼しいしなお精力があって走っても疲労もそこまで甚だしくはなく、また午後四時頃は学課も終わって疲れた頭を駈歩によって洗い清め心機一転また夜勉強するのである。

なおかつ距離も漸次長く速度も漸次に速めていく。また一週に一度か二度くらいは全速力で一定の距離を走ってみるもよい。その他は精いっぱいに走ることはやめて、精力を養っておく必要がある。

この朝夕の練習に慣れてきたら、進んで午後二三時の最暑の時を選んで走るのである。これは、単に走りの練習という域を脱して心身の鍛錬を主とすることにあるので、普通人には無理な練習である。しかしこの午後二時頃練習しておけばその他の時間では実に平気である。

この練習の時ことに注意すべきは、精力を利用して無駄にしないことである。かつ十分な覚悟がないと、この炎暑に打ち勝つことは困難で中途で挫折してしまう。実に吾人青年の心身修養の試金石である。世の青年が安楽をむさぼり困苦を避けようとしている時、この練習は真に天下の夢を覚醒するに足ると言ってよい。

さてこの炎暑の頃の練習中は、十分養生に注意せねばならない。また飲食物も吟味し度を過ごさないように慎まねばならない。しかし汗などの発散盛んだから水や湯ならば相当に飲んでよい。が夜は水とか氷とかは禁止すべきである。

もし不幸にして練習中卒倒でもした時は、直ちに衣服をすっかり脱がせ、水をかけまた布を水に浸して、身体を拭い風通しのよい所に横たえておくのである。それから医者を呼んで診察を乞わねばならない。

吾人夏期休暇を無為に過ごさず、旅行なり労働なりに費やすべきだがまたこの駈歩練習に使用するのも最適を得たことでこの間は全力を駈歩に傾注することができる便利があって、吾人の経験ではすこぶる有効である。

八、秋季の練習

秋季は春季と気候も大差なく練習には最もよい時期である。故に十分に練習せねばならない。ことに秋は運動会とか競走などがあって、これまで自分が練習した腕を発揮する時だからその練習においても慎重にやりいわゆる見事に下ごしらえをしていざ競走となったらば遺憾なく走らねばならない。

二、冬季の練習

冬季の練習、冬は夏と同じく、練習して速くなる以外に大切な目的すなわち心身の練磨ということがあるから寒いという苦痛はあっても我慢をせねばならない。しかし何の用心もせず無茶に練習して心身を害さないように十分な注意が必要である。

すなわち服装も寒気に適応するよう相当に厚いのを用いること。ことに寒風の盛んに吹く所とか雪国などでは、特に注意して、長いズボンを用い、シャツも手首までので、咽喉は手拭いくらいで巻き、あるいは鼻口にハンカチでも当てて直接に冷気を吸入しないように準備することが大切だ。

よく寒風を吸入して咽喉を痛めたりすることがあって、かえって練習で害することがある。すなわち駈歩を練習する時は、速くなるように全力を尽くして遺漏《いろう》※なきを期し、なお進んで心身の鍛錬を目的とする時は、真っ裸でたとえ、火の中雪の中でもどしどし突入する覚悟が必要である。

この両者を区別して決して血気の勇に走ってはならない。とかく青年のうちは、無鉄砲なことをするが面白いから度を過ごすことになる。例えば非常に寒い日などは激烈な練習はやめねばならない。かつやるならばハンカチでも口に当てて、直接に冷気を吸入するのを避けるがよい。半ズボンも長くして足を冷え切らぬようにするがよい。

しかし時には思い切って長距離を雪中でも走り通さねばならない。すなわち、これは夏季八、九十度にも上る熱さを侵して走るのと同じである。

以上を要するに最も練習によい時季は、どうしても春秋である。しかしこの好期の練習だけで満足してはならない。相当に練習を積んだ人にあっては、さらに進んで本当に強くなるために、積極的な練習をせねばならない。これとても毎日精力を使い切るほど練習してはならない。余裕を蓄えておかねばならない。全力を傾けて走るのは一週二度くらいでよい。

遺漏
手ぬかり

この間幾多の困苦、故障が起こってくるが、男子たるもの決してこれしきのことにへきえきせず我慢に我慢をして十五歳くらいから十年計画で練習すれば、この中から確かに世界第一流の大選手を出すこと火を見るよりも明らかなことで西洋人何者ぞ東洋の雄たることはもちろん世界の覇者を唱えることもできるのである。

ホ、練習の距離、場所

練習の距離は、身体の強弱練習の初めと、否とにより、気候のいかんによって、おのずから差がなくてはならない。初めて練習する人、身体の弱い人は距離も短く、速力も遅くし、多少練習を積んだ人や、心身の健全な人はそれ以上に練習し、なお進んで第一流の域に達せんとするには、積極的に極寒、極暑の気候にもまた道路も平坦より、山坂のある所で練習の歩を進めていくのである。

距離を定めたならば途中で決してやめない

さて本日はこれだけと距離を定めたならば途中では決してやめず、歩むとも目的地に着すべきである。多少の故障のため定めた地点まで行かないのは最も悪い。それが習慣となってくれば大変で、少し苦しくなるとすぐ中止するようになる。中途でやめるようでは剛健の気風の修養とはならないのである。

しかし初めての練習者はなるべく平坦な所を選ぶがよい。下に石とか砂利とかのないいわゆるよい道で、人馬の往来の少ない、砂塵の立たない、しかも樹木などがあって眺めもよい路がよい。これで練習し、最後には山地の練習をやる。

さて坂を下る時は少し反って、丹田※に力を入れ歩幅は勝手にするのである。この時は足の裏がトントン地に着いて頭が痛いかも知れないが慣れるとよい。また坂を登る時は多少前に傾いて、手で振り上げるようにするのであ

丹田
一般に丹田とは、へそ下10㎝くらいに存在する下丹田のこと。丹田呼吸の際に意識する丹田もこの下丹田になる。体の中心である丹田が充実していると体が安定すると言われている。下り坂を走ると、意識しなくても下丹田辺りに緊張感が生まれる。

る。足の裏は全部地に着ける。

さて長い坂ならば、我慢をして途中でやめぬようにし、苦しくなった時は速力を遅くし、目的の地まではぜひ達せねばならない。また短い坂ならば、坂にかかったその速力で坂を登る。すると坂の八分までは続く。ある人は坂の上まで登れるか登りつめると、気息奄々《きそくえんえん》※、足も動かなくなる。その苦しいところをなお我慢して四、五町※その力で走るように心掛けねばならない。坂の上で速力を遅めるから人に抜かれたりしまた自分の力も進まない。

山坂の練習、砂地の練習も必要

山坂の練習以外、砂地の練習も必要である。砂地は足が砂中に入って思うように走れない。しかしこれも非常によい練習となるものでぜひやる必要がある。夏など海水浴などの暇にやってもよい。海水浴をやる傍ら走るならば、砂もありなお進んで水打ち際を走るのである。砂と水の障害を排して走

気息奄々 息も絶え絶えである状態

四、五町 436・36～545・45m

るから、積極的なよい練習になる。

さて、かくの通り練習しているが、この目的は自己の心身を修養する他競走をやることにある。他人との競走をやってその間にその速力も一層進歩する。

今三里の競走に参加せんとして練習するならば、一週に自分の精いっぱいで全距離を走るのが二回くらい。他の日は二里※内外を全力を出さず走って精力を蓄えるようにする。

マラソン競走でも、日頃は三、四里※で十分、一週に一度くらい、六里くらいも走り、まれに八、九里を緩速力で走ってみる。競走前一週間くらいに八里くらいをできるだけ速く走って試すのもよい。

この他最も大切なることは、一週に一度くらい、単に徒歩をやることで、日曜くらい遠足会でも催すのである。また特に何の目的なく、駈歩の補助として歩むことは最も大切なことである。

二里
約7・85㎞

三、四里
約11・78〜15・71㎞

増田ノート

「練習の距離、場所」について①

練習メニューに、インターバル走（速く走ったりゆっくり走ったりする）やビルドアップ走（走るペースを次第に上げていく）などはまだ出てきていません。練習方法もどんどん改良、進化しています。でも、砂地や坂道の練習が大切なことや、週に一回は「遠足」みたいな楽しい日を、という点は現代にも通じます。

科学的なデータや根拠を基に効率的にトレーニングを積もうとする選手が多い中、野性的なドロ臭い練習をしているのが川内優輝さんです。毎週のようにレースを走っていますが、ほとんどが練習代わり。目標となる大きなマラソン大会に合わせて、スケジュールを組み、レースで強い練習をしているのです。また、旅好きの川内さんは、国内外のレース参加を遠足気分で楽しんでいるんです。

映画『ロッキー4』を覚えていますか？　相手はソ連の科学的トレーニングで作り上げられるボクサー。それに対して主役は雪山に籠り、雪山を走ったり丸太を担いだり。ついつい野性的な方を応援してしまうのはどうしてでしょう。人間味というところでしょうか。

へ、練習の相手

練習する時は相手がなくてはならない。駈歩は最もよい運動だが、一見無趣味のようだから、飽きやすい傾向がある。よって、大人数いて楽しい時、走りたくない時、群集心理で、否応なくやっつけてしまうようにする。なお一人よりも相手がいれば、競走心が出て励みとなる。

しかし相手もよく選ぶ必要がある。馬は馬連れ牛は牛連れ※の方がよい。強いて速い人の仲間入りをして無理をやるより、自分と同じくらいの人に伍《ご》して練習した方がかえってよい。しかし時々は、以上の人に伍して練習をやらねば速くはならない。

速い人と練習する時は、この人は自分より速いから到底ついて行けないと

馬は馬連れ牛は牛連れ　似た者同士は自然と集まりやすいこと

諦めず、何この人くらいに負けるものかとの大勇猛心※を起こして、しっかりやる覚悟が必要で、やってみるとあるいは自分が速いかもしれない。吾人は常により強い人を目標としてこれを超そうと努力せねばならない。この努力が今の人には少ないようだ。

一人対数人の練習で速力を増す

また進んで練習をするならば、強い人を数人選んでその数人を相手に競走するのである。相手は数人で一定の距離を分けて走る。自分はこれを一人で走るのだから十分な努力がいる。かくして次第に速力を増すのである。なお自転車でついてもらって練習するもよい。

練習はむちゃにやっては効が少ない。それで自分でどうすれば速くなるかを研究するのみならず、他人より姿勢などを見てもらって反省し進んでは他人の長所を見て少しずつ進歩の域に進まねばならない。

大勇猛心　勇気を持って突き進むこと

今のところ研究的に練習している人はまれで、かの欧米のレコードを破るには吾人は彼ら以上の研究努力がなくては到底および難いのである。

増田ノート

「練習の距離、場所」について②

この本はご自身の経験を後輩に伝えていますから、主観的で当然です。客観的データに基づくスポーツ科学の歴史はまだまだ浅いのです。

スポーツに関する科学的研究をするために第1回日本体育学会が開かれたのが1950年（昭和25年）、この本が書かれてから30年以上経ってからのこと。

筑波大学は1878年（明治11年）の体操伝習所を源流に、体操指導、体育の研究の歴史を重ねてきました。その筑波大学に初めて「科学」と名のついた学科ができたのが1976年（昭和51年）の体育科学研究科（博士課程）なんです。

愛知県知多郡に日本初のスポーツ医・科学研究所（財団法人）が1986年（昭和

61年）にオープン。国立スポーツ科学センターができたのは2001年（平成13年）です。今や研究だけでなく、ナショナルトレーニングセンターやアスリートビレッジも併設され、オリンピック、パラリンピック選手達の強化拠点になっています。

スポーツ医科学の発展は選手の成功に寄与してきました。ローテク時代を生きた私には羨ましい限りですが、医科学に頼り過ぎてはダメ。最後は「気持ち」です！

三、競走および応援

イ、競走

吾人が学課の余暇やその他の寒暑苦痛を排して練習しているのは、一つは自分の心身の健康鍛錬を目的として、一生涯自分の業務に十分努力することができるようにするためではあるが吾人青年の時は何事においても自己の技量を他の多くの人と競い、比較研究をして、勝利を持したいという実に勇壮なる元気があるからである。

競走は吾人青年の何人も欲するところで、この盛んなる元気があるがために万難を排して何事でもやり遂げるのでその準備として平素いっそうの努力練習をあえてするものである。

競走の前に急に練習するのは悪い

すなわち競走は一種の試験があって多くの人を刺激奨励するのである。だからでき得る限り、弊害の生じない範囲で、競走をやらせたい。今ここに競走について一言しておきたい。

さて長距離競走。自分の学校の競走でも団体の競走でもまた大日本体育協会競走※でもよい。何時にあると大体決定したならば、平素絶えず練習している人でも、多少本気になって競走の勝利を得るため練習をやる必要がある。

いくら心掛けて平素練習していても、いざとならねば練習に精神が入らないのは無理もないことである。しかし注意すべきはいよいよ競走のすぐ前になって急に練習するのは悪い。少なくとも一月か二月くらい前から始めるべきもので、競走の二、三日前で練習はやめねばならない。今僕の言う特別な練習というのはこの二月前から始めるのを指している。

大日本体育協会競走
競技別に組織化が進んだスポーツ団体を統括する組織として1911年に設立された大日本体育協会（現日本スポーツ協会）。当時は国民体育大会がなく、同協会が実施した陸上競技大会と推察される。

この練習中は練習の規則正しきはもちろん摂生にも十分な注意を払わねばならない。間食を避ける。食事の時間を一定にする。その食べ物も平素より滋養分の多いもの※、鶏卵や豆腐や、牛肉や、魚肉、これに時々新鮮な野菜を湯でふかし、これに醤油でも注いで食する。

この料理法は自分の好むようにするがよい。しかし肉類なども油揚げよりも、単に煮るかあるいは、魚などは刺身の方がよいようである。これに気候の差によってあっさりしたものや、多少脂っこいものがよいこともあって一定はできない。

しかし刺激性の飲食物、すなわち酒たばこは全く中止すること。この他睡眠などは前に述べたとおりにする。なお学課の方も試験前ほどやる必要はない。少しは控えめにしておく方が疲労が少ない。

ここに注意すべきは両者を合わせ得んとしてかえって競走の勝利も得られず、また競走のため、多少心身を疲労させて、学課の方も不都合を生じることがある。それで年に一度くらいの大競走ならば、少しの時間と労力を競走

滋養分の多いもの
体の栄養となる成分の多い食べ物。「栄養」よりも古めかしい言い方が「滋養」。直後に記されている「鶏卵や豆腐や、牛肉や、魚肉」を指している。

のために用いて十分な努力となしてめでたく勝利を占め、この余勢を転じて競走が終わった後、勉強の方に向かうようにするのがかえって有効である。

さて日頃の練習はできているからいざ競走間近となっても決して慌てたり、過度にやったりしてはならない。朝起きて心身が懶《ものう》く頭がぼんやりしている時は心身の疲労を証するものであるから、その時は休養を要する。休養の時も、決して飲食起居を変更せず、起床から就床まで正確にやらねばならない。

競走の二、三日前からは疲れないように精力を蓄積する

かくして練習もする。すなわちマラソン競走に参加するつもりならば毎日二、三里ずつ走り、一週に一度くらい、六里くらいを走り、いよいよ競走の一週間くらい前にでも八、九里を走ってみる。かくして競走の二、三日前よりは走りをやめて散歩くらいにとどめるか、あるいは徐々に一里くらいを走

るか、いずれにしても疲れないように精力を蓄積せねばならない。

休養するとて何もせずゴロゴロ寝転んでいるのは雑念を起こしてかえって気疲れがするから頭を疲れさせず気安心のことをしているがよい。また就床なども早く寝すぎず九時ならば、九時と平常どおりにし、競走ということを念頭から去らねばならない。精神の平静ということが最も大切なことである。

いよいよ競走前日となったら飲食に注意し平常どおりのものを食し、十分安眠するようにし、寝てからも何も考えずよく眠りいよいよ競走当日は、朝起きて洗面後散歩でも少しして、自然の風光でも賞し朝食を喫するのである。

食後二、三時間程経て競走をするのが最もよい

その競走が午前中にあるならば朝食は多いよりも九分くらいでよい。それも食後二、三時間程経て競走をするのが最もよい。また汁は吸わない。牛乳

や茶や水分はなるべく摂らないようにしてできるだけ食べ物をそしゃくする。かくて朝食も済んでいよいよ競走を二時間後にやるばかりとなった。

さて競走場が雑踏しているならば、あまり早く行かず所定の時間までに行けばよい。また静かな場所ならば早く行っていてもよい。他の競走などは見ない方がよい。少しでも耳目から入り来る刺激を減少して精神の平安を保たねばならない。

マラソン競走の人名を呼ぶ。選手はおのおの軽装して、スタートに出る。見渡せば四周に見物人が充満している。この場に立つと、初めは胸騒ぎがし逆上して平静な態度を失い自分がどこにいるかさえはっきりしないくらいである。故にうんと落ち着かねばならない。四方を見たら、喝采や声援に自己を失ってはならない。

抽選でスタートに立った。この時、自分の足が地に着いているかどうかを知る人は少ない。全く夢心地である。それに号砲一発走り出す。まるで自分の足が地に着くか着かないか判断ができない。それで初めから自己の力を使うのに節度がなく、十里走るべきを四、五里に精力を使い、あとの三、四里は到底走ることはできないようになってくる。

それであまり遅れてはならないがそう初めから慌てず、自分が平常練習してこれならば続くと思う速力を失ってはならない。これが最も大切なことで、もし五、六里はいかに速く走っても十里を完全に走り通さねば、何の役にも立たない。もし少し遅れても途中でやめるよりも完全に十里を通すようにせねばならない。

自信がある人は、人と競走せず時間と競走する

初めは人よりよほど遅れていても狼狽せず歩一歩《ほいっぽ》近寄るようにする。急に前の人を抜くのはやめねばならない。一里で抜く人が前にあらば一里半かかるつもりでやる。かくして十里に全力を使い尽くすようにすればよい。余裕のあるのもいけないし、また途中で中止するくらいに使い尽くすのも悪い。

この節度は数度走ってみないと自分に分かるものではない。いわゆる千軍万馬の功を積む必要がある。

自信がある人は人にかかわらず初めからどんどん走って、人と競走せず、時間と競走するようにせねばレコードはできない。一分でも速く日本のレコードを早めねばならない。しかし自信のない人は初め速く走った後くたばるよりも力相応に走り、後にどしどし抜く方が元気が出て人を抜くという面白味がつく。これに反し抜かれる人は落胆してますます遅れてくる。

この十里の競走でどの辺りが苦しく、また楽かと言うと走り出してから五、六町まで人によって胸騒ぎがして、呼吸の苦しい人もいる。これは不慣れのためで決して疲れからきたのではなく直ちに直るから我慢せねばならない。この時は速力を緩める必要はない。

この第一の苦しみを過ぎると身体の具合がよく、足といい呼吸といいどんどん進んで面白く走れる。

そして三、四里くらい走ると、また苦しいと思うことがある。この時も中止せず走らねばならない。どうしても苦しみがあったらば、少し速力を減ずるのである。決して落胆しないようにする。また水や食べ物を欲する人もあるが、練習の際これらを摂らない習慣を養っておく必要があるからこの距離までは我慢するとまた楽になる。

あとの二里くらいになって、初めて練習の効能いかんが現れる

次に七、八里くらい来るとまた一つ苦しみがくる。この時分は本当に疲れているから、もし応援でもなかったならば中止する人が多い。かつこの八里くらいまでは大抵の人は走れるものであって、あとの二里くらいになって、初めて練習の効能いかんが現れる。すなわち普通人で競争的に走って精力の限度は七、八里くらいである。これは今まで数人について経験して大体同じ結果を得たのである。

あとの一里半くらいは気力ばかりと言ってよい。その苦しみは並大抵のことではない。この苦痛を忍んで最後まで走り通す大勇猛心が必要でその最後の苦痛は一度走ってみない人にはお話はできない。

この頃には、水でもまた多少食いたければ摂取してよい。そうしてこの苦痛も練習をやればそうまで甚だしくはなく、八里くらいで精力が尽きたのが十里走り続けるようになってくる。とにかく十里も走るのだから、練習中はもちろん競走当日は十分な苦痛を覚悟して参加し、勝っても負けても、最後までは走らねばならない。これに耐えたならば大いに称賛すべき価値がある。

数時間苦戦奮闘していよいよ決勝線に入る前には、大勢は既に決定している。最後の一、二里でヘビー※を出して前に走る人を抜くのは、甚だ困難ではあるが、決して不可能なことではない。

さて疲れると一重の足袋でもよほど重く感じまた濡れでもすると重くなるから足の裏が丈夫なら脱ぐがいいが疲れていても最後まで努めればあるいは

ヘビー
マラソンで最も苦しいのが35km以降と言われている。残り7kmからの苦しい場面で、最後の力を振り絞る「精神力の強さ」を、金栗は「ヘビー」という言葉で表現した。

数人くらいは抜けるかもしれない。人に後れて賞に入らないからといって走りをやめるなどはその心事甚だ卑しむべく、吾人の取らざるところである。

勝利の賞を得ても、安んじてはならない

さて二時間以上の大努力大奮闘をして決勝線に着いて元気があったら、人手を借りずに汗を拭くとか衣服を整えるとかし、身体を冷やさぬように静かな所にて気を休める。飲食は急に取らないようにする。もし努力奮闘して精力尽き身体の自由が利かない時は、医者の診察を受けてその指図を待つがよい。

さてこの大競争が済んでから後日は摂生に注意すること。競走前と同じようにし多少疲れても翌日あたりは少し散歩するがよく、寝てばかりいてはよくない。すなわち漸《ぜん》をもって※駈歩をやむるのである。

マラソン競走も無事に済んだらその成績によって、幸いに勝利の賞を得て

漸をもって　少しずつ

も、安んじてはならない。昨年よりどのくらい上達したかまたどのくらい走るのに楽であったかまたどのくらい苦しかったか、相手はどうかなどを考慮せねばならない。

また一方負けた人でも何故に負けたかを深く考え、自分の力がまだ劣っているのを自覚して決して人を羨望《せんぼう》したり、自分を軽んじたりしてはならない。七転び八起きの気長な考えを持って明年の計を立てていわゆる捲土重来《けんどちょうらい》※の大努力をせねばならない。

ただ単に勝敗のみを考えて勝てばむやみに喜び、何故に勝ったかについて考慮することなく、また負ければ残念がって自暴自棄するがごときは、吾人学生青年の最も注意すべきことである。

とかく日本人はこの弊があって、虚心平気《きょしんへいき》※に研究的に十年計画で歩一歩進めることは甚だ難しとするところで、ために真の成功ができないのである。いやしくも外国人を相手に覇を唱えんとする吾人は、百敗を意とせず、最後の勝利を得ることを決して忘れてはならない。

捲土重来
一度敗れた者が、再び盛り返して巻き返すことのたとえ

虚心平気
不満、不信などをなくし心を穏やかにすること

ロ、応援

単に自分の学校内だけでも競走の時は応援は有効であるが、まして対外試合などで自分の知人などに旗でも振られて名でも呼ばれると、元気百倍するものである。

しかるにこの有効なる応援も十分注意せねばならない。応援がかえって選手の妨害となったり、また仕方によっては野卑に流れて、学生の体面を汚すこともあって、厳正なるべき運動の精神にもとるようになって大いなる弊害を醸し世人から運動についてかれこれ小言を言われるようになる。

それで自分の選手に応援するにも正々堂々と、口汚いことのないよう、また他校の選手をののしったりすることのないよう、相手にはかえって大きな度量を示してやらねばならない。単に勝つ負けるが運動の本領とするところではない。吾人は運動によって立派なる人格を養成するまでにせねばならない。

疲れていないならば声援をする必要はない

もし自分の選手を応援するにしても、十分注意を払わねばならない。例えば、三里の競走にしてもその道路三、四カ所に人員を派遣して水なり果物なりを配布することを許されている時は、その用意をして何時でも渡すようにしておく。

いよいよ競走者が出発して走ってくる。その時、走る人の姿勢を十分注意して、いまだ疲れていないならば声援をする必要はない。声援は単に走る人の心を騒がすくらいでその瞬間は急に走るがそう長く精力が続くはずはないから人がいなくなるとほっと一息ついて速力は遅くなってくる。

すなわち精力を不平均に使うから、かえって大いに疲れてくる。競走のとき選手の姿勢が平気でどこを風が吹くかというありさまでなくては有望とは言えないが、初めての競走者はそう平気にしてはいられない。それで応援者が手加減するのである。

元気がないと見たら、この時こそ大声叱呼

また水なども、無理に勧めず茶碗などをすぐ飲めるよう手に出していればよい。しかるに競走者もだいぶ疲れてきて、呼吸や姿勢が乱れて、元気を出させねばならないと見たら、この時こそ大声叱呼《たいせいしっこ》※最後の五分間の努力を強いてもよい。この時の応援は実に有効で疲れた元気をまた出させ彼らの努力を数倍も強めるものである。この競走者の疲れたか否かを見るのは、大体判断がつくものである。

この他自分の選手と一緒に走ったり、他の選手の妨害となることは決してしてはならない。これは厳禁されているから。

大声叱呼
大声で激しく呼ぶこと

増田ノート

「競走および応援」について

マラソンで前半のタイムよりも後半のタイムが速い走り方をネガティブ・スプリットと呼んでいます。記録を狙う走りは別として、オリンピックや世界選手権などの「勝負」がかかった大会では主流です。それは１００年前も同じだったのですね。金栗さんが伝えているレース中のポイントごとの心身の状態がリアルです。時代は変われど、その時々の心の葛藤は同じなんですね。多くのマラソン選手も共感すると思います。また目先の勝利至上主義に釘を刺しているのも、さすが教育者。ここ最近のスポーツ界の問題について、金栗さんから喝を入れてもらいたいものです。

そして応援する人にも「立派なる人格を」と。マラソンや駅伝で、選手は沿道からの声が全部聞こえるんです。ちなみに短距離選手はスタート前からゴールするまで何も聞こえないそうですよ。私も選手の時には温かい応援を沢山頂き、随分背中を押してもらいました。だけどたった一度だけ、レース中に「増田、お前の時代は終わったんや」という野次を受け、その言葉に自分がすごく惨めに思え、止まってしまったんです。どこのレースとは言いませんが、語尾で分かっちゃいますね。
皆さん、温かい声援をよろしくお願いします。

四、長距離競走の所感

最後に、不肖ながら僕のこれまでにおける駈歩生活中、参加した長距離競走の一部を述べるが諸君の参考にもなれば結構である。

僕が長距離駈歩を始めたのは比較的遅かった。大部分の人ははや中学や師範学校で練習を始めるが僕は中学卒業後、東京高等師範※に入ってからで、その動機はこうである。

そもそも高等師範には、ごく古くからこの長距離競走が行われていた。それで競走前は幾日かを、その練習に費やしていたのである。その競走は春秋二回にあって、春は約三里秋のは六里となっている。この競走は全生徒が必ず走らねばならないから、入学すると五月にこの競走をやる。ゆえに駈歩に適する人は直ちに技量を発揮することができるのである。

東京高等師範
1886年(明治19年)に東京市神田区(現在の東京都文京区)に設立された官立の高等師範学校。名称は高等師範学校→東京高等師範学校と変わり、後の東京教育大学、現在は筑波大学。

イ、初めての三里の競走

僕はいまだ三里も競走したことは一度もない。三里の競走があると聞いて実は驚いた。一体三里を走ることが人間にできるものか。しかし授業を休んで、生徒全体がやるから致し方なく走ることにした。それは東京の青山師範※から、多摩川の付近の桜楓園※という、私人の庭園までで約三里であった。顧みれば今からはや六年前のことである。

僕が初めて競走を経験した第一日であってちょうど朝八時青山師範を出発することに決していた。この時分には僕は、まだ東京の地理も分明せず、多摩川に行くにはこれからどの道を取るかさえ知らない。もちろん走る要領などは知るはずがない。すなわち無茶苦茶である。

実は本当に競走に参加して、成績を挙げるには、少なくとも一月の練習が必要である。この間の摂生は前に述べたとおりに少なくともやるべきであるが、当時の僕にはそんなことは知らない。

青山師範
1908年(明治41年)に東京府師範学校から東京府青山師範学校に改称。43年(昭和18年)に東京府女子師範学校と統合し、戦後の学制改革で東京学芸大学となった。

桜楓園
東京都世田谷区にある現在の上野毛自然公園。当時は吉良家家臣の名主・田中家の土地で桜や楓が多く植えられたことから、桜楓園と呼ばれる庭園だった。

なお実際走る道路を走ってみることが最も大切なことである。いくら練習しても競走する道を知らずに走ると、精力経済上に一大不便を感じる。吾人は未知の道は比較的遠く感ずるが知った道は甚だ近いようである。それを知らなかったのも無理はない。諸君のうちでも初めて競走する時は、僕のごときまずいことをしないように、競走前に十分な注意をせられたい。

初めての競走は、便所に行って出遅れ

さて僕はまだ出発には間があると思って、多少隔たっている便所に小便に行った。悠々としてこれで準備もできたと思って、以前人が集まっている所に来てみると、一人もいない。先生が残って後始末をしている。

僕を見て何していた、はや皆出発してしまったよ、急げと言われて、校門を出た。見ても白い服装をした人は見えない。しまったと思いながらも、多摩川道はどちらかと狼狽して問うと、こちらと言う。この時は全く夢中であ

った。どうして走ったか、電車はどう避けたか一向に分からない。するとやっと数十人の人が汽車の踏切につかえている所に来た。しめたと思いやっと安心した。

この踏切を越えて僕はこれらの人を追い越した。この時分には呼吸が非常に苦しくなって、加えて足は疲れてくる。長距離はこのように苦しむものかと思って、やめようと思って他の人を見るとまだ走っている。それで自分はこう苦しくて、他人は平気だなと思い、天を恨まずにはいられない。

されどいよいよ我慢して、なにくそこれくらいでやめるのは残念と一生懸命でどうして走ったかは今分からないがとにかく走った。すると間には走らずに歩いている人もある。これを見てやはり人も、疲れているなと思って、いよいよ我慢の必要を感じ倒れるまではやめないと、苦しい呼吸や、進まない足を無理に引っ張って、前に行く人は抜くが僕は一人からも抜かれはしない。それもそのはず、一番最後に出た僕だから抜かれるはずはない。

やがて旗などを立て、数人の人が立って、何番何番と言っている。ここはすなわち第一決勝点で、約一里半の所、やっと一里半がきたと思ってその時は非常に喜ばしかった。しかし自分はここで水も飲まず、息つく暇もなくこれからがまだ大変だと思いながら走り過ぎた。

最下位から前の人をどんどん追い越す

ここを過ぎてから一時苦しみが失せて、非常に面白く楽に走れるので、僕は不思議に思いながら、前の人をどんどん追い越すその喜ばしさに思わず一生懸命に走った。するとまた呼吸が苦しくなって、どんどん前の人を抜くこともできなくなった。

かくして我慢に我慢して走っているとあと五町と書いてある所に来た。あと五町。この五町に奮起して全身の血が一時に湧き返り非常な元気が出て無我夢中三十六番の声でやっと決勝点に達したことを知った。

この時のうれしかったことは今も忘れない。木陰に座して汗を拭くと、冷風が盛んに吹いて生き返った心地がする。おいおいに馳せついてくる人々、だいぶ疲れた様子である。さて優勝者は皆練習した人であった。

やれ安心と座していたのを立とうとすれば大変である。足の大腿部と言わず、ふくらはぎと言わず、固くなってどうしても動かない。やっと歩もうとすると痛くて耐えられない。致し方なく歩んで会場まで行ったが、この後四、五日は足をひきずって、学校に出席した。僕以外初めて走った人は、皆このびっこ組であった。

以上は僕の第一回の競走に参加した所感である。この時はただ苦しかったこと、人に勝とうとも思わず、ただ走り通せばよいくらいの考えであったこと、走り方などは無茶苦茶であったこと、その他のことなど今から思うとよく三里走ったと驚くのであるが、ただ我慢したことは今からすれば、その後の練習なり競走なりに好経験を与えたのである。

増田ノート

「長距離競走の所感」について①

今活躍する選手に陸上競技を始めたきっかけを聞くと「バスケ部にいたけど助っ人で出場した駅伝で活躍して」とか「小学校の頃、マラソン大会で1位になって」など。実は金栗さんと同じで、前の人を抜くことに喜びを感じた人が多いんですよ。

スタート前にお手洗いに行っていて、出遅れた金栗さん。おっちょこちょいが幸いし、長距離走の適性に気付いたのは、私も一緒なんです。小学校まで2・5㎞の道のりを集団登校で通っていましたたが、私はいつも忘れ物を途中で思い出して、家に走って戻っていました。そしてまた走って集団に追いついたり、追いつかなかったり。

それにしても、自分が走ったレースのことを事細かに覚えているのにはびっくり。まるで対局を全部再現できるプロ棋士のようですね。金栗さんの頭の良さに加え、それだけ考えながら走っていたのでしょうね。私も調子がいい時には、レースに集中できて、後で聞かれても「序盤のあの時はこうでした、折り返しのあの瞬間は…」などと思い出せます。でも調子が悪い時には、気を紛らわそうと「終わったらケーキを食べよう、温泉行ってゆっくりしよう」など楽しいことを考えちゃうのです。精神修行が必要です。

ロ、最初の六里競走

僕が第二回目の長距離※に参加したのは、明治四十三年の秋同じく高等師範で行われた。六里の競走で、学校から埼玉県の大宮公園※まで走るのであった。この競走の時も一度たりとも練習もせず、競走当日になってから、一つやろうかとやっと決心したくらい、今から思うとそののんきさ加減はお話にならないくらいである。

第二回目の長距離
東京高等師範では春秋の2回、長距離競走が実施されていた。金栗が東京高等師範に入ってから2回目に参加した学内長距離レース。

大宮公園
埼玉県大宮駅の東北約1.5㎞に位置する公園。明治6年の太政官布達を受け、明治18年に氷川公園の名称で誕生し、現在ある県営公園の中では最も長い歴史を持つ公園。

二回目の競走も一度も練習せずに参加

いよいよ競走の当日となった。一度も練習はしていないが、春の三里の経験もあるので、小便なども早く済まして、いつ出発しても差し支えないようにして待っていた。

この時分の服装もよくは覚えていないが、今のように軽装はもちろんしていない。半ズボンも膝の下まで、シャツも手首までの長いのそれに帯を締め手拭いを握り、帽子をかぶっていた。その他の人の中には、脚絆《きゃはん》を着けている人もだいぶあった。今から見ると、まだ服装などに多大な注意を注いでいなかった。否、服装などは何でもよいくらいの考えであったのだ。

さて午前八時三百余りの者が出発した。その壮快なりしこと、一時に校内から押し出たのだから、七、八町の間は道いっぱいである。後の人は追い抜くこともできず、ただ続いて走るばかり。往来の人は、この壮観を喜んで見ていた。

僕は中頃に門校を押し出され一人ずつ人を追い越して、一里くらい走った頃は僕の前二町くらいの所にやっと七人一団となって走っており、後には一町くらいを隔てて続々と白衣の勇士がついて来る。

それで何人ともあまり競走もせず暫時走った。しかし人は欲が起こるもので一つあの前の人に追い付いてみたいという考えがむらむらと湧いてきて歩一歩接近せんことに努力した。

するとそのうちの一人がだいぶ疲れちょっとの間競走したが、間もなく抜いた。そのうれしさに多大の苦しみはうち忘れて急に元気づいてきたが、一方その抜かれた人は、落胆してよほど僕より遅れてきた。

すると約二里半頃からまた呼吸が非常に苦しくなり出して、いわゆる欲も徳もなくただやめようかどうしようかと幾度考えたか知れなかったが、ここが我慢の必要と、速力は遅くなっても、なお走り続けていた。

されど前の人も抜けず、後の人からも追い付かれず、実はのんきであった。すると三里半頃に前の一団の人で遅れだした人がまたでき、僕はまたこの人にやっと追い付いた。するとこの人もここで抜かれてはならないと思うから勢い盛んな競走が持ち上がった。

途中で二人の大競走。意地を張って抜いた

二人ともただ夢中になって約五町くらいは、大競走をやった。こうなると意地っ張りばかりで苦しいからといってやめられるものではない。いずれか一方負けるまではやらねばならない。もしこの時負けたが最後、とてもこの人には及ばんと落胆してしまって抜き返す元気が出なくる。

それで二人とも一生懸命で走ったが僕の我慢が勝ったか、やっとのことでこの人を抜いた。僕は非常にうれしかった。しかしこの五町の奮闘の苦しみはまた大なるものであって、抜かれた人が再び追っ掛けてくる元気もないのを見て、ほっと一息、速力を緩めざるを得なかったのである。

さて考えるにこの途中で他人と競走する場合に、僕のやったように一方が

力尽きやめるまで勝敗を決するのは、競走の一つの方法ではあるが、今から見ると、これはまずい方法である。

なぜならば、二人が盛んに競走して力が尽きると、その後は思うように人が追い掛けてきたからとてこれまでのごとくまた盛んに競走もできなくなって、誰か速い人が追っ掛けてくるのに遭えば、みすみす自分は遅れなければならない。

それでこの時は全精力を出さず、たとえ相手が自分を抜くなら抜かせて、あまり遅れない範囲でついて行くことが大切である。かくして二度その人と競走してみる。すなわち自分には常にあの人を抜かんとの覚悟があるから、我慢も続くし、決心も固く、人を抜いてやれ安心と気を緩めるよりもかえって成功する。

しかし無経験な当時僕はこの方法を取らず、無理な競走をしたが他の人が弱かったのでやっと勝ったのである。僕は騎虎の勢いに乗じ他の人に肉迫して奇襲功を奏しまた二人ばかり抜いた。こうなるとその鼻息は甚だ荒いもので、当たるべからず、苦痛などは何とも思わなくなるが、これに反し抜かれた人はますます落胆するのである。

しかしいくら奮闘しても一度の練習なく走るから、その苦しみは非常なものであった。しかし後の人はその距離多少あって、抜かれはしないと思っていたが、はるか前方にちらちら二人の姿が見えるので野心なおやまず最後の奮闘をやろうと決心した。

もちろん一度もこの道を歩いたこともなく、道の曲がりを出て一直線の並木道にかかると、旗が見え数十人集まり、ハンカチを振っている。僕は途中の応援者かと思って走っていたが、近づけばそうでなかった。ここそ決勝点であったのだ。

無茶な走りでも三着に入り、心中に光明

僕はやれ決勝点に入ったと安心するよりも、今少し決勝点が遠くまた道程

を知っていたらば、及ばずながら今少し走るところだったのだと残念がったが、思いがけなく、三着と言われた時はさすがにうれしく、一種の光明が心中に起こらざるを得なかった。

待つ間もなく、どしどし走って決勝点に入る。疲れている人、まだ元気のある人、その壮観を僕は初めて見て、初めて長距離競走の真に壮快なる味が分かってきたのである。

以上で練習もせず、無茶な走りではあるがただ我慢で通して三着になった。第二回の経路である。この時は勝ったためか、あまり苦痛は感じなかったような気がした。しかし足が固くなって足をひきずり、階段を下る時など後ろ向きで下ったことは、春の三里の競走と変わりがなかった。約一週間はひどい目にあった。

増田ノート

「長距離競走の所感」について②

２回目の長距離走でマラソンの走り方を学ぶ、今でいう勝負の駆け引きを感じ取ったんですね。すごい。そしてゴール後は壮快感を味わっています。マラソンを走る人は皆、この達成感、壮快感、爽快感に魅了されているのでしょうね。

私は五輪ではゴールに辿り着けませんでした。でもその後の五輪メダリストはそれぞれに名言を残しています。有森裕子さんの「初めて自分で自分を褒めたいと思いました」。高橋尚子さんの「とっても楽しい42・１９５キロでした」。そして野口みずきさんの「幸せです」。どの言葉にも至福の瞬間が表れていますよね。長い長い努力の時間を乗り越えた後の爽快感はひとしおです！

八、初めてのマラソン競走（体育協会主催）

ある仕事をやってみると人には適不適というものが必ずある。これには不適と思う人が、あれをやってみると存外の好成績を挙げることが往々にある。いかなる人でも捨てるべきものではない。

さて僕もちょうどこのとおりで駈歩生活にて短距離にはごく不適当なやつであった。今から顧みると、冷や汗が出るが各専門学校選手競走※が春秋に八、九回毎年ある。この競走はすなわち短距離で六百米突《メートル》である。この競走に僕も四回くらいも参加する光栄に浴した。

東京の各専門学校の第一流の短距離選手に伍して走ったが、一度も勝つどころの騒ぎではなく、常に二十名くらいの中以下であった。競走では人の注意を引くのはすなわち先頭の人くらいで中以下の者は誰が誰やら注意する人も少ない。自分はこの注意も受けない者の一人であった。

しかしその四度も五度も、競走に負けて安閑としていられるものではな

各専門学校選手競走
金栗が東京高等師範在学時代にあった旧制専門学校（高等教育機関）の選手が参加して実施された陸上競技大会。毎年、春と秋に複数回開催され、金栗の書では600mに参加したと記されている。

い。いやしくも血の通っている者は何とか奮激すべきである。すなわち一転換を来すはずである。

今も忘れないが十月末であった。帝国大学の名誉ある運動会※の専門学校選手競走にまた参加した。僕は一生懸命こたびは勝つはずで走った。しかし哀れ僕の努力も寸効なく、やはり殿《しんがり》の一人であった。

オリンピック選手予備競走参加を言い渡される

この時僕は、残念でたまらなかったが心の内でそう思うばかり。時に同志の一人も僕の負け通しなるを見て、多少しゃくに障ったのと見え、やったことは致し方ないが来月中旬頃体育協会※の、オリンピック選手予備競走※があるはずだから、こたびは最長距離のマラソン競走をやってみよと言い渡された。

僕も一度は負け恥をそそがねばならんと思っていたから、このマラソン競

帝国大学の名誉ある運動会
東京、京都など各帝国大学の運動会（正式な運動部活動を統括する組織）。東京大学運動会の前身となる「帝国大学運動会」は1886年（明治19年）に設立された。

体育協会
現在の日本スポーツ協会の前身である大日本体育協会の略称。

オリンピック選手予備競走
1912年ストックホルム五輪の陸上日本代表選手を選考する競技大会。五輪前年の11年11月に東京・羽田運動場で実施された。

走をやってみようと承諾した。これすなわち明治四十四年の秋で、僕がマラソン競走参加の第一回目である。だいぶ昔のような気がして、今なお走っていると思うと、今の新進の青年諸兄に対して恥ずかしい気持ちがする。

心の一転換、一つこたびはうんと練習して競走しようと決心した。時日も切迫して練習の日数も二週間である。ちょうどその前の六里の学校内の競走があったため、多少は練習していたから非常に助かったのである。

十里の競走をやるのは、生まれて初めてである。一体十里を走れるか、これが僕には疑問であった。六里までは走ったが十里。十里と言えばこれまでもあまり走ったこともない。これを走るとは。

このちゅうちょも当時は僕も元気もあり、いわゆる無鉄砲の時代だったからすぐ忘れてしまった。この二週間の練習は僕は一生中の最もひどい練習であったと思う。すなわち、このマラソン競走に高等師範から参加すべき者すなわち橋本、野口の両氏※と三人きりで練習した。

当時は経験とて少しもない。毎日放課後三時か、四時から寄宿舎を出で

橋本、野口の両氏
東京高等師範から金栗とともに1911年のオリンピック予備競走（陸上日本代表選手選考会）のマラソンに参加した、同じ徒歩部（陸上部）の橋本三郎と野口源三郎。他の著書では、12選手が出場し完走は5選手。野口が4位、橋本は5位だったと記されている。

て、市外に三、四里を走っていたがこの三人は学科も異なり一緒に走れないこともあった。今から思うとよい記念である。

水を飲まずに練習し、耐え難い苦痛に

走りの練習を始めてから二月足らずだった僕らには、この毎日三、四里の練習はひど過ぎる。それに水はあまり飲んではならないということを聞いていたから、朝の汁も汁は吸わず中の実のみを食い、食後の茶も、茶碗半分くらいを飲んで、その他一切水は飲まない。間食も悪いと聞いてやらなかった。

ところが毎日三里も走ると、少なくとも汗が出る、疲労はする。一方水分を供給しないから、体が痩せる気持ちがし、体重も思い切って減じ、皮をつまめば老人のような皮膚のしわ。疲れの度が過ぎて夜は身体が熱くて、転々として眠れない。少し歩いても足がふらつく。

僕はあと一週間目頃になって、これでは到底耐えきれないと思った。ちょうど餓鬼道※に陥ったようで、水を飲みたい、何か水分のあるものを食いたい。走る時などは互いに励まし合って帰って水やりんごを食うから我慢せよと言っていた。

実際のところ何の慰安があるわけではない。いわゆるうまいものを食い、飲めるがために我慢して走っていた。これがなければ走るにしても、本気では走れない。初歩の人の心中はすべてかかるものだろう。

ところが十一月は日が短くて五時半頃になると多少暗くなってくる。四里も走って帰ると道の凹凸さえ分からず、車などが来てこれを避ける苦心や、寄宿舎に帰っても飯がないことがあって、わざわざ町に食いに行ったこともあり、それに夜も学課の復習を少しはやらねばならない。

三人の者が互いに励まし合って、そのためにやっと、辛抱ができた。この苦しみをよくも忍び得たと今さらながら不思議に思うくらい、また今となっては実に言い知れない楽しみがある。

餓鬼道
餓鬼《がき》は仏教の世界観で、常に飢えと渇きに苦しみ、食物、飲物でさえも手に取ると火に変わってしまうので、決して満たされることがない状況をいう。子供は貪《むさぼ》るように食べることがあるため、その蔑称・俗称として餓鬼が比喩的に広く用いられる。餓鬼大将、悪餓鬼など。

さて、八日頃であった。練習から暗くなって寄宿舎に帰った。いくら疲れていても走る時は元気で走れるが、あとは疲れて言葉も言いたくない。この疲れことに水分の不足は到底耐えられない苦痛である。

今晩は到底我慢もしきれなくなり一人で町から砂糖を求め帰り、コップに砂糖水三杯、一週間目に水三杯、たった三杯の水、このうまかったことは。他の同級生は一心に勉強しているから、そっとベッドに就いた。

一週間転々として熟睡のできなかったのが三杯の水でよく眠った。翌朝は生まれ変わったように元気が出た。それから練習後は少しずつ水分を取ったのである。

この練習中ほとんど水を飲まないようにしたのは、水は飲んでは悪いと聞いたからである。これを後生大事に守った結果、痩せ衰えて元気もなくなったのである。しかし三杯の水で熟睡もでき元気づいたので、いまさら僕の不明を悔いたのであった。

水は飲むなということではなく、節せよ

水は悪いと言った人の意味は、絶対に飲むなということではなくて、節せよと言ったのを、取り違えたのである。融通の利かないことをしたのであって。

一体この水は大変必要なものである。毎日走って汗を出すから、これを補わねば耐えらないはずだ。しかし人情として、少し渇きを覚えると、汗に出た以上を飲みたがる。すなわち必要以上を飲む。これが悪いことで、汗が多く出ると走るにも疲れが早く来る。それでこの度を違えないようにすれば飲むがよい。諸君は僕のごとくばかなまねをしないようにせられたい。

この他過度の練習、とても生ぬるい練習では、間に合わない。否でも応でも、一夜づくりの練習が必要である。すなわち無理無体に練習したので、身体に故障を生じ、僕は、右脚の膝の腱を痛めて、びっこを引いて走っていた。

しかし三里走るにも初め一里は痛かったが、あとは一生懸命に走るから痛いのも忘れてしまったのである。この時分でも何か注意をして療養したならば、このひどい痛い目には遭わなかったものを、無経験の時代でこの故障は当然練習の効能の表れのように考えていた。

いよいよ競走も迫った。ちょうど五日くらい前に他の二人と午後から競走の道五里ばかりを見に行ったが日が暮れて四里くらいで致し方なく汽車で帰った。練習は二日前にやめてひたすら休養に意を用いた。

十一月十九日、場所は羽田海浜の新設の運動場※である。晴れの舞台しかも国内あっぱれの人々が集まってきて新聞紙上そのうわさなど誇張されて、いずれも勝ちそうな人ばかりである。北は北海道より西は中国筋まである。しかし選手の大部分は土地の便利な、東京付近の人であった。

羽田海浜の新設の運動場
現在の東京都大田区羽田空港にかつて存在した総合運動場。1909年（明治42年）3月に野球場、テニスコートなどが建設され、11年（明治44年）にはオリンピック選手予備競走開催のため自転車練習場が陸上競技場に改修された。

増田ノート

「長距離競走の所感」について③

この時代、練習もレースも壮絶ですね。「水を飲んではいけない」中で過酷な練習を積んでいき、苦しみ抜いて、水は飲んだ方がいいと悟ったのです。でもどうしてこの後も部活動で水を飲んではいけない時代が続いたんでしょうね？　昭和50年代後半（1980年代）は水分補給をしなければいけないと指導されましたが、その前の先輩方は水が飲めずに苦しい思いをしたそうです。うさぎ跳びもそうですが、常識を疑うことが進化につながるんでしょうか。

マラソン選手は金栗さんのように、ひたすら我慢をし続ける気持ちの才能がある人が大成します。ケガをして走れないときにも気持ちを切らさず、黙々とプールで歩く選手や補強練習にひたすら取り組む選手など。

金栗さんは、常に自分だけではない。共に練習を積む仲間たちの成功を考えているところが偉大です。そこにはニッポンを強くしたいという、志や使命感があったのでしょうね。

自らを屈せず己が天下一のつもりで安心して走るがよい

世に猪勇《ちょゆう》※とよく言う、あまり感心しない勇としてある。しかし駈歩などでこの猪勇に似た元気が必要である。すなわち誰は速いとか、彼は何とか、競走する前から他人の速さばかり感心していると、実際速くもない人が、自分の精神上に刻み込まれて、競走の時にいわゆる気負けすることがある。

その適例として、この道の大家とは知らずに競走をして、ばかに速い人がいるくらいに思ってその後からついて行ったり、あるいは非常の競走をやることがある。もし競走前、これが誰某《だれがし》で速いなどと聞いていたら、かえって精神的に負けているから、ついて行くこともできず、よほど遅れることもあるところであったろうが何も知らずかえって好都合であったのだ。

すなわち天下無敵の心がないためであるから、各人決して自らを屈せず己が天下一のつもりで安心して心配せず走るがよい。

しかしこれと反対に、よく相手の速さなどを競走前に知っておくのもよ

猪勇　イノシシのように向こう見ずに突進する勇気

い。実は以前言った相手の何人かを知らず走るよりも、この知って走る方が吾人は望むところである。しかしこの相手の速さを知ることは、甚だ困難であるいはできない場合が多い。かかる時は致し方がないから決して自己をつまらん者とせず、自重してそうして十二分の努力と我慢をすることが必要である。

パン半斤と鶏卵二つを食って、戦闘準備

ちょうど十一月十九日夜も明け離れた。天気は冬の頃だからはっきりしていない。はやだいぶ寒さを感じる。羽田までは電車で二時間もかかった。競走前に、体格検査※をしてもらった。別に異常もない。

休息所を探して、マラソン競走の出発時たる十二時まで休むこととした。五、六人いたこの家で、選手番号をシャツに付けたり、また気の晴れる面白い話などもし、まさに十里を走って、あるいは倒れるかもしれないなどとは

体格検査
当時の検査内容の詳細は不明だが、身長、体重、体温、脈拍等の簡易な計測だったと推察される。

少しも思わなかった。これ無経験の者ばかりであるから、何の恐れも懐かなかったのだ。

十一時、携えていったパン半斤と、鶏卵二つを食って、これが戦闘準備である。この家の女中どもも吾人三人のこの大競走に参加することに同情していろいろ親切に世話したので気持ちよくなった。

この宿を出て、いよいよ運動場に行った。十一月の十九日、当日は曇天で、会場より吹き来る潮風は甚だ寒く、見物人など外套《がいとう》を着ていた。時に僕は、その朝少し今日は寒いと思って、シャツの厚い、肘までのを用意してこれを着たのである。他の橋本氏などは夏の薄いシャツで寒いためぶるぶると震えていた。

高等師範のわれら三人は紫色の帽子で参加

いよいよ出発前マラソン選手十余名を集めて、道路の説明があった。このグラウンドを一周して五里余りを隔たる、東神奈川までの往復である。見物人も何しろ今日の寒さには閉口しているらしく、その人数も多くはない。一列に十余人が並んだ。新聞紙上でうわさの高かった人々との初見参である。さて高等師範から出たわれら三人は紫色の帽子をかぶっていた。当時の心持ちは何とも言えない。否、全く夢中になっていて前後忘却してしまった。

ピストル一発、夢覚めたようで思わず走り出した。ちょうど一周して門を出るはずのを、速い人もあるもので約百米先を、五人くらいが一団となって出て行きその後を僕らは従っていった。

雨となり寒さが加わり
一生懸命走っているのに汗も出ない

門を出る時僕は、六番であった。僕のすぐ前に一人走りその前の者は、すなわち速い組で曲がり道で見えなくなり、僕と一緒に走る人はなく、数十間遅れていた。ゆえに僕の理想は先頭の人ではなかった。わずかにすぐ前方の一人に追い付けばよいというのであった。

しかし僕が急げば、この人も急ぐようである。決して振り返って見はしないが、絶えず同じ間隔で進むようである。道中には所々に見物人もいる。また応援者もいる。一里二里どうしても追い付けない。僕は練習の時よりもよほど早く走っているつもり、これ以上の速さは僕の精力では出ない。何故に追い付けないかと、残念で残念でならない。

すると朝からの曇天はついに出発してから三、四十分たって、雨となりだして、寒さが加わり一生懸命に走っているのに汗も出ない。また全身が暖まらない。平常ならば汗も盛んに出て水も飲みたいが、雨と寒気のために水を飲もうという心は少しも起こらなかった。

さて練習の時から右脚の膝の腱の痛みがあったが今に直らず、そのまま参加した。初め一里くらいは痛みを感じていた。がその後は痛さも忘れてしまった。雨のために泥が足袋について多少重くなりだした。

人を抜きもせず抜かれもせず三里くらい走った。すると四里近くなって、これまでだいぶ苦しかったのが、多少楽に走れる気持ちがしてきて、面白いくらい足が出る。この三里余りも追い付かなかった前の人に、ずんずん接近してきて、難なく追い付いた。

さあこの人も追い付かれて無為に過ごす人ではない。こやつ何者ぞというふうで二人が競走しだした。五六町の間はほとんど勝敗が決しなかった。がついに力尽きてかこの人は歩一歩遅れてきた。この時は非常にうれしかった。

この激しき競走に勝ってあまりの苦しさに僕は少し速力を緩めて、呼吸を整えた。これでは大丈夫に走れるとの自信がついて、乗り気の勢いでいよいよ引き返す所で、また二人の者を抜き僕が第三番目になった。

ついに足袋を脱いで跣足で走る

しかしこの時は、はや二人は前に見えぬくらい隔たっていた。何しろやっと八里くらい練習の時走ってみたばかりで、初めから全精力を出しているから七里頃では、だいぶ疲れて思うように足が動かない。

あいにくまた雨が降り出してきて、到底足袋を履いては重くて前の人に追い付くことはおぼつかないと思い定めよし跣足で走って足に肉刺《まめ》ができても、また足一本なくしてもこの競走は一生に一度で二度とない、とちょっと止まって、ついに足袋を脱いだ。

時にあと二里半も走らねばならない。この足袋を脱いだために一時足が非常に軽くなって、前の人にやっと追い付いた。僕もこの人も共に疲れて勇ましい競争もできず、僕はこの人を抜いて数町も前方に白い姿が見えるから、これがいよいよ最先頭の人だと思い、歩一歩接近を企てた。

電信柱と比較して走っていると、先頭に少しずつ近まる

ところが八里以上も走り、水も少しは飲みたい。また、何か食いたかったが、今少しでも走りを止めると追い付くことはできないと、これら一切の欲望を押さえつけて動かない足を踏みしめ踏みしめて走った。この時分の苦しさはもはや頂点に達し、ただ前に一人あるからこれを目標として、追い付くことばかり考えていたから、凌げたのである。

さて電信柱と比較して走っている※と、この人に少しずつ近まるようである。それを見てますます元気が出る。しかし実は跣足となってから一つは寒さのためと、一つは砂利の上などを走ったために腰から下の感覚が鈍ってきて、自分の足でないような気がした。

しかし内臓諸器官が強かったため、判断力もあり、我慢しようとする心も起こり、目が眩惑《げんわく》※することもなしに走れたので、この時多少でも心臓などが他の人より弱かったらば、足は動けず、目は眩惑し到底走り続けて、前の

電信柱と比較して走っている
道路脇の電信柱は、ほぼ等間隔に立っているため、前走者と自分の間に電信柱が何本立っているかを確認するか、自分が電信柱を通過した時点でその前走者の位置を確認することで、前走者との距離が推計できた。トランシーバーや携帯電話など無線通話が可能な近代、現代ではチームメートが前走者との距離差、タイム差を知らせてくれるが、当時の金栗は電信柱を活用した。

眩惑
目がくらんでまどうこと

人を抜くことなど不可能であったろう。

帰途も、所々に見物人や、応援人がいて、盛んに元気を付けてくれる。かかる精力がまさに尽きんとする時の鞭撻《べんたつ》※はありがたい。確かに有効である。何とか聞くと、乾き果てんとする血管にどこからともなく、また新しき血液が流れ出してくるようである。

肩を並べて最後の五分間は火の出るくらい競走

かくして一町くらいまで接近してきた。見るとその歩調など少しも乱れず、堂々と走っている。これが北海道よりわざわざ出馬した、佐々木※という豪の者※であった。

さて三十間ばかりとなった。氏がふと振り返って見て、直ちに止まった。そして僕を待つもののようである。この時僕の心中甚だ不思議であったが、瞬間のことで他を考える暇もなし、いざこの人と最後の競走を試み、力及ば

鞭撻
強くはげますこと

佐々木
小樽水産学校の佐々木政清。1911年のオリンピック予備競走のマラソンに出場し、金栗に次いで2位となった。

豪の者
強く豪快な人物

ざれば、倒れるまでと使い残りの精力を集中して、やっと追い付いた。すると氏もまた走り出した。両人とも九分以上の精力を使い切っているから、競走と言っても、子どもが走るにすぎない。僕も走るこの人も走る。肩を並べて最後の努力五分間とは誰かが言ったが、五分間くらい実に火の出るくらい競走した。

天を恨まず、また誰を恨まんやである。勝っても、負けても努力して遅れても決して恥とするところではなく男子の愉快とするところ、ついにどうしてか僕の努力功を奏して一歩一歩と離れてきた。いよいよ勝敗は決したのである。

決勝点に入った。万歳の声を聞いた

この人を抜いた所は実に、決勝点より半哩《マイル》※足らぬ所で危ないところであった。僕はこの人を抜いてから、ただ無意識に走るばかり腰から下は無感覚

半哩
約804・7m（1マイル＝1609・3m）

で、痛くも何ともない。雨はやまず、道は滑る、倒れまいと、苦心した。

やがて門を入った。到着のラッパ※が高くなった。僕は既に決勝点に入った。万歳の声を聞いた。この時僕はただ最善の努力をしたと思って、いささか安心した。

それから泥だらけの身体を入浴して清めようと入浴した。すると急に渇きを覚えたので湯の中でサイダー※を二本飲んだ。このうまかったことは今もなお口にありと言いたい。

しかるに、腰以下の無感覚は依然として直らない。人の足か自分の足か分からないくらい。ところが急に腰が抜けて湯の中で倒れんとし、湯船に寄りかかって、やっと倒れるのを免れた。腰が抜けた※のはこれが初めての経験である。足の無感覚も、暖まると共に、少しずつ我に復した。

到着のラッパ
現代の日本のマラソン大会では、トップの選手が競技場に入ると打ち上げ花火で到着を祝うのが慣例となっている。金栗の時代は、打ち上げ花火ではなく、楽隊が使用するラッパを吹いて到着を祝したとみられる。

サイダー
甘味と酸味で味付けされ、香味がつけられた炭酸飲料。当初はリンゴ系の香味がつくもののみを指していた。練習後やレース後に飲むと、のどの渇きを解消し、疲れた体を癒やしてくれる。

腰が抜けた
マラソンなど長時間にわたる過度な運動や作業を続けると、下半身に力が入らず、腰から下の感覚が無くなる状態に陥る。

所要時間二時間三十三分。世界レコードで走破

この時のうれしかったこと、足二本を儲けたようであった。約二時間ばかりして、元のごとく歩行もできるようになった。所要時間二時間三十三分を要した。それからだいぶ遅れて他の橋本氏らも帰ってきた。聞けば八里くらいから、疲労極度に達して走れず歩いては走り、目が眩惑して、致し方なく、電柱に寄り、眩惑の止まるのを待って走ってきたと。その奮励、僕は涙が出た。これまでに努力してくれたかと。

ところが僕が決勝線に入ってきた時など、紫の帽子が雨に濡れて、顔に染まり、すごい顔をして恐ろしかったとの話であった。われながら浅ましい心地がした。

十三名のうち六名くらい歩いたり、走ったりして帰り、他は自動車で帰った。日本初めてのマラソン競走も世界のレコードを破ること二十分あまりで無事終わった。すなわち世界のレコード※は二時間五十九分であった。

世界のレコード
マラソンの世界記録。1911年11月の時点での世界記録は2時間59分45秒と言われていた。金栗は2時間32分45秒でゴールしたが、大幅な世界記録更新だったため、走行距離やタイム計時への信頼が得られず世界記録として認められなかった。

予定どおり右足の裏の、かかと全部に肉刺ができて翌日切ってもらった。足袋などはあまり早く脱ぐものではない。

増田ノート

「長距離競走の所感」について④

金栗さん、短距離走は苦手だったんですね。600mは今では中距離になると思いますが、名誉ある運動会でビリになって、その雪辱のために羽田海浜で開かれたオリンピック予選で優勝。両方経験しているからこそ、自分自身を客観的に「適不適」と分析できるのでしょう。

それにしても壮絶なマラソンの様子が伝わってきます。金栗さんは後にマラソンのことを語呂合わせで「死にいく覚悟《42195》」と言いました。この時の経験が強く心に刻まれていたのだと感じました。

市民マラソンと競技マラソンには大きな違いがあります。市民ランナーの皆さんは自分との闘いです。完走したい、自己ベストを出したい、3時間を切りたいというように。でもオリンピックなどの勝負のマラソンは、相手に勝つことが最大の目的です。市民マラソンは一緒に走っている人が同じゴールを目指す同志。でも競技になると一緒に走っている人が全員、「敵」なのです

二、上海での八哩競走

吾人日本人が国を代表して、外国人と運動競技の大競走をやったのは、今までに二回ある。一回はすなわち明治四十五年ストックホルムであった。国際オリンピック競技大会で、これには僕と三島氏と参加し、実に残念ながら敗北の悲境に陥り、次回は本年の五月、上海で開かれた、極東競技大会に日本から十余名を派遣参加せしめたがこたびはまず相当の成績を挙げたのである。

今ここには上海でやった八哩《マイル》競走について述べることにしよう。

時は五月二十日であった。この八哩競走も二回あって初めは東洋人ばかり、すなわち日本支那、フィリピンの選手十余名で八哩競走した時は、見事にわが多久選手が優勝を占めた。

ために支那選手はへきえきして次回の西洋人、東洋人混合の八哩競走の時は参加できず西洋人と日本人との競走となったのである。水入らずの白人との競走、天下の見物たるを失わない。

他の日本選手の元気鼓舞のため、病を押して出場

ちょうど僕は日本出発前よりへんとう腺を痛め、競走に参加するつもりでなく、単に見物に行ったのであった。しかし多少にても病気が軽減すればもちろん、出場してみる覚悟はあった。しかし不幸にしてこの二十日頃は、少しも病勢衰えないでいた。

僕は一度既に西洋人と競走した経験はあるが、他のわが選手三名は初めてである。西洋人は六名日本人は三名出場するので、合計九名が雌雄を決するはずである。この時僕は多少心配した。それは西洋人が六人も出ると、わが選手は気負けはしないか、よほど損をする。

ここにおいて僕は一生の勇を奮い、他のわが選手応援者元気鼓舞のために病を押して出場と決し、他の選手には病気全快明日は我輩が一着となり三着まで白人は賞に入れないつもりだから皆しっかりやれよと、口には大言すれど心中には到底このありさまで、八哩を走り通すことは不可能であって、あるいは途中で倒れるか分からんことは知っていた。

しかしそんなことは何ともない。誰かわれわれの中、一着を占めればわが事成ると、ここにおいてわが四人の元気は大いに上がった。ちょうど二十日の午前は大雨で多分中止と思っていたのに昼頃雨がやんだので午後四時頃から運動場内にて決行すると発表された。

距離は八哩、運動場を三十二周するのである。僕が頼みとする多久選手は、この八哩の三十分前に、八百米の競走をして、白人、支那人を見事に破り一着の名誉を占めて、外人の度肝を抜いた。その多久選手が三十分後まだ疲れを休める暇もなく、またふるい立って八哩に参加した。

白人の体躯は実に偉大。しかし吾人の心はそれ以上に固かった

多久選手が八哩のスタートに出た時、内外人とも驚いた。三十分前に八百米で素晴らしい働きをした、その当人がまた八哩に出るとは、さても無鉄砲なやつかなと西洋人は不思議に思ったに違いない。

それのみならず、なお僕は跣足を主張した。この八哩は必ずわが全勝である。せっかく勝つならば思い切って跣足で走り、日本人の足の強さを示してやろうと、これを委員に尋ねその承諾を得たから僕と多久選手とはいよいよ跣足で走ることとした。かく体格は五、六寸低いけれどわれわれの意気は既

に彼らをのみ、彼ら白人は眼中にないほどだった。

見渡せば十人の選手、胸間に付けし各国の旗、日章旗はことに鮮やかに見える。しかしスタートに並んだのを見ると、凹凸がある。突出せるやつは白人、谷となっているのは吾人、彼らの体躯は実に偉大である。しかし吾人の心はそれ以上に固かった。

ぐるりと山の垣を作っている見物人の大部分は、支那人である。この中に、所々に日の丸の小旗が見える。ことに小学校生が愛らしくも小旗を振っている。場所は外国で外国人の間に日の丸の旗を見る。何で平気でいられよう。

いよいよピストル一発十名の者が走り出た。長い脚の白人、歩幅はなかなか広い。約二周は六人の白人中二人が相次いで先頭にあり、その後から吾人日本人が続き、他の四人の白人はそうまで速くなかった。

さて三周頃僕はこの二人の白人を抜き先頭となり七、八回頃まで続いた。するとまた、僕のすぐ後から来ていた、二人の白人が再び、先頭になりだして歩一歩隔たってくるばかり。それで心配して多久、高津両氏は僕の後で走っていたのが僕を抜いて、かの白人に肉薄した。今や競走になるのは、この白人二人と僕ら三人、一列になって、ぐるぐる運動場を回っている。

さて先頭に白人が二人まで走って、だいぶ間隔をおいて僕らがいるので見物人はいずれが勝つかと手に汗を握っている。ことに在留同胞は気が気でない。何しろ勝つには、初めから先頭にあるはずと考えて、少しでも遅れたならば取り返しのつかないように思っている。それでちらほら心配そうな、語気が走っている吾人の耳に入る。そのはず一間くらいを隔てて、見物人が人垣を作っているもの、この言を聞く吾人の胸は何とも言えない。

僕は到底最後まで走り続けることは不可能である。ただ多久選手か高津選手※に勝たせれば十分と思っていたからあまり狼狽せず、最後に一挙して、白人を抜く方法が得策と思い、十三、四回頃から再び僕が多久、高津氏を後にして走った。

ところが白人との間隔がどうも少しずつ隔たるのが分かる。見物人はいよ

高津選手
陸上長距離選手の高津金治。第2回極東競技大会の陸上8里競走に金栗、多久とともに出場し、多久に次いで2位となった。

いよ気をもみだして、あんなに離れて勝てるかとか、しっかり頼みます、と
あちらからもこちらからも、応援の声あるいは旗が見える。

苦痛の極みに達し勝利を断念。
多久選手に任せ道を譲る

在留同胞が心配するのももちろんのことで、もしこの白人との大競走に負けたならば、由々しき大事である。どうしても彼らを破らねば国の体面に関する。それを思えば僕はいよいよ自己の病気を残念と思わざるを得ない。かの白人くらいは、平常ならば初めから、先頭にはやらないがと、心中に思うも今は何のかいもなく、身体がだいぶ疲れて呼吸も乱れてきた。

しかるに約十六七回目頃、高津選手が急に速力を出して七、八十米離れていた、二人の白人に追い付き、その中間に割り込んで、二番で走り出した。

白人は日本人がだいぶ離れているから安心していたのに、小兵の高津氏が追

い付いたので非常に競走をやった。

しかしもし今白人に振り落とされることあっては天下の一大事と高津選手は一生懸命、彼らが急げば急ぐ、緩めればまた緩むというふうで、決して離れない。そのありさまがちょうど大人と子どもの競走のようで、外人も少なからず驚いたのである。

さてかくして二十五回となった。僕ははや苦痛の極みに達し、到底どんなに走っても、先頭に追い付くことはできないと決心し後について来ている多久選手にあと、七回確かに勝てるしっかりやってくれと呼び道を譲って、僕はその後から走った。

日本のためしっかり頼みますの同胞の声援、僕らはこの言葉を聞いて、胸を刺し通される心地がして、いわゆる勇気百倍、多久選手も非常の元気を出して、三十回目頃に先頭に追い付いた。万余の見物の血は、沸騰し出した。同胞は喜びあまって思わず絶叫するに至った。

ちょうど白人二人と、日本人二人と、しかもあと二回で勝敗が決するという次第である。僕は遅れながらこのありさまを見て苦痛も忘れ、これなら大丈夫勝てると安心した。

するとと三十一回目にこの四人が抜きつ抜かれつ、白いやつ何者だ、小漢なるジャップ何者と、相互に思っているから競走も真に力が入って、このくらいの接戦は僕も初めて見た。するとあと一周となった。

名誉ある優勝は、多久選手の努力により帝国のものに

この時白人の一人が急にへビーを出して、数間を抜いた。見物はまた、思わず、あっと叫んだ。しかしわが多久選手が直ちに追い付きあと二百米くらいの所に、僕も一周半遅れて走っていたから勝ったぞ最後の見事さを内外人に示せよと一言し、一緒に全速力を出して、見事に八哩を突破した。

名誉ある優勝は、多久選手の努力により帝国のものとなった。万歳の声は、各所に起こった。

この勢いに乗じ三番にいた高津氏も、白人を抜いて、二着となり、かの白人はいよいよ意気消沈してへとへとになって、三番となった。もし僕が病気でなければ、白人は賞に入れないはずだったが。

この見事な勝利は、同胞はもちろん、外国人も多大な狂喜と、喝采を禁じ得なかった。僕もホッと安心して、思ったほど疲れも覚えなかった。

増田ノート

「長距離競走の所感」について⑤

背も高い、足も長い西洋人に対するコンプレックスは少なからずあったのでしょうね。ラストスパートで西洋人に勝利した多久さんを称える言葉が、時代を物語っています。

私も国際大会に出た時、背の高い欧米の選手に囲まれ、劣等感を感じたこともありました。体型もそうですが、英語で会話している選手の輪に入れないこともありました。２０２０年を迎える中で、私たちは英語をはじめ世界の言葉を学び、その国の文化を学ぶことも大切でしょう。国際理解は、おもてなしの心を育むだけでなく、自分に対する自信も高めるからです。金栗さんは、外国の人達に競技で挑みながら様々なことを学び、ニッポンに自信を与えてくれました。

増田ノート

「おわりに」

金栗四三さんが１９８３年にお亡くなりになられた時、私はまだ高校卒業したばかり。女子マラソンでオリンピックを目指していましたが、歴史を学び、先輩から学ぼうとする余裕もありませんでした。失礼ながら、金栗さんのお名前すら知らなかったのです。

引退後、熊本に仕事で行った時、熊本日日新聞の長谷川孝道さんから金栗四三さんのことについてお話を伺いました。「増田さん、あなたの先輩には素晴らしい方がいらしたのですよ」と。長谷川さんの金栗さんへ対する敬意と愛情は大変なものでした。その後、長谷川さんは陸上長距離の歴史を、金栗さんの足跡を知ってほしいと2013年に『走れ二十五万キロ　金栗四三伝（1961年初版）』を復刻出版されたのです。

金栗さん自身が書いたこの本からは、日本人としての覚悟やプライドが肉声のように伝わってきました。日本のランニング、マラソン史の源流に辿り着いたような気分です。復刻に尽力頂いた時事通信出版局のみなさん、そして快く出版を許諾頂きました金栗さんのご遺族に心から感謝いたします。本当にありがとうございました。

さあ、金栗さんの精神を受け継ぎ、世界と戦う日本選手を応援しましょう。

金栗四三　年譜

0歳	明治24年（1891）8月20日	玉名郡春富村（旧三加和町、現和水町）にて父信彦・母シエの間に7番目の子として生まれる
5歳	明治30年（1897）4月	玉名郡春富村吉地尋常小学校入学
9歳	明治34年（1901）4月	玉名北高等小学校（現南関町）入学。往復12キロを通学する
13歳	明治38年（1905）3月4日	父信彦が56歳で死去
	4月	玉名中学校（現玉名高校）進学、寄宿舎で生活する
18歳	明治43年（1910）4月	東京高等師範学校（現筑波大学）入学。校内の春の長距離競走（12キロ）で25位、秋の長距離競走（24キロ）で3位となる
20歳	明治44年（1911）11月19日	国際オリンピック大会選手予選会25マイル走に出場。世界記録の2時間32分45秒達成
20歳	明治45年（1912）7月14日	第5回オリンピック・ストックホルム大会マラソンに日本人初の出場、日射病のため26キロ過ぎで途中棄権

22歳	大正2年（1913）	11月2日	第1回陸上競技選手権大会出場、世界記録の2時間31分28秒達成
22歳	大正3年（1914）	3月	東京高等師範学校卒業
22歳		4月10日	池部家の養子となり、石貫村の医師の娘・春野スヤと結婚式をあげる
23歳		11月23日	第2回陸上競技選手権大会出場、世界記録2時間19分30秒達成
23歳	大正4年（1915）	5月	第2回極東選手権協議大会（上海）に参加
24歳		11月21日	第3回陸上競技大会で三連覇
25歳	大正5年（1916）	9月	明石和衛との共著で『ランニング』（菊屋出版部）を刊行
25歳	大正6年（1917）	4月	日本初の駅伝奠都《てんと》記念東海道五十三次駅伝競走を企画。アンカーとして出場し優勝
26歳		10月	神奈川県師範学校に地理教師として赴任
26歳	大正7年（1918）	4月	東京市私立独逸学協会中学校に転任
28歳	大正9年（1920）	2月14日	第1回東京箱根間往復駅伝競走を企画・開催
28歳		3月	私立独逸学協会中学校退職
29歳		8月22日	第7回オリンピック・アントワープ大会マラソン出場、2時間48分45秒で16位

29歳	大正10年（1921）1月	東京府女子師範学校（現東京学芸大学）へ赴任
29歳	6月	全国マラソン連盟を設立し、初代会長となる
32歳	大正13年（1924）7月13日	第8回オリンピック・パリ大会マラソン出場、32・3キロ付近で意識不明となり途中棄権、帰国後に第一線からの引退を決意
33歳	11月	東京府女子師範学校教諭と東京府立第二高等女学校（現東京都立竹早高等学校）教諭を兼務する
36歳	昭和2年（1927）8月	上海で開催された第8回極東選手権大会で陸上総監督
38歳	昭和4年（1929）9月2日	父親代わりだった兄実次が急性肺炎で死去
45歳	昭和12年（1937）4月	東京市十文字高等女学校（現十文字学園女子大学）に赴任
49歳	昭和16年（1941）3月	東京・世田谷の私立青葉女学校へ転任
53歳	昭和20年（1945）3月	青葉女学校を辞め玉名に戻る。以後生涯を小田村（現玉名市）で暮らす
54歳	昭和21年（1946）4月	熊本県体育協会発足、初代会長となる
56歳	昭和22年（1947）12月7日	第1回金栗賞朝日マラソンを熊本市で開催（のち福岡国際マラソン選手権大会となる）
57歳	昭和23年（1948）11月	熊本県初代教育委員長となる

61歳	昭和28年（1953）	4月	第5回ボストンマラソン日本監督となる
62歳		11月	西日本新聞文化賞受章
64歳	昭和30年（1955）	11月	スポーツ界で初となる紫綬褒章受章
66歳	昭和32年（1957）	11月	熊本県近代文化功労者として表彰
66歳	昭和33年（1958）	2月	朝日文化賞受賞
69歳	昭和35年（1960）	10月24日	国民体育祭熊本で開催、最終炬火走者として走る
71歳	昭和37年（1962）	11月	玉名市名誉市民（第1号）となる
73歳	昭和39年（1964）	11月	勲四等旭日小綬章受章
74歳	昭和40年（1965）	11月	秋の園遊会にスヤ夫人とともに招待される
75歳	昭和42年（1967）	3月〜4月	スウェーデンオリンピック委員会の招きでスウェーデンを訪問、54年8カ月6日5時間32分20秒3の記録でゴール
80歳	昭和47年（1972）	1月	熊本走ろう会発足、初代名誉会長となる
81歳	昭和48年（1973）	4月	玉名市陸上競技協会創立、顧問となる
92歳	昭和58年（1983）	11月13日	熊本市地域医療センターで死去

【著 者】

金栗四三（かなくり・しそう）

明治～昭和期のマラソン選手、全国マラソン連盟会長、日本陸上競技連盟顧問
1891年、熊本県玉名郡春富村（現・和水町）生まれ。旧制玉名中学を卒業後、1910年東京高等師範学校（現・筑波大学）に入学。1911年、嘉納治五郎の依頼によりオリンピックに向けたマラソンの予選会に出場。当時の世界記録を27分縮める2時間32分45秒で優勝し日本人初のオリンピック選手となる。ストックホルム大会、アントワープ大会、パリ大会と3回連続でオリンピックのマラソンに出場。日本初となる駅伝「東海道五十三次駅伝」や「箱根駅伝」、「朝日マラソン（のち福岡国際マラソン）」の創設にも尽力した。1964年、勲四等旭日小綬章受章。1983年、92歳で死去。玉名市名誉市民（第1号）。

【解 説】

増田明美（ますだ・あけみ）

スポーツジャーナリスト、大阪芸術大学教授
1964年、千葉県いすみ市生まれ。成田高校在学中、長距離種目で次々に日本記録を樹立する。1984年のロス五輪に出場。92年に引退するまでの13年間に日本最高記録12回、世界最高記録2回更新という記録を残す。現役引退後、永六輔氏と出会い、現場に足を運ぶ“取材”の大切さを教えられ大きな影響を受け、駅伝・マラソン中継では選手の「人」に迫る解説に定評がある。現在はコラム執筆の他、新聞紙上での人生相談やテレビ番組のナレーションなどでも活躍中。2017年4月～9月にはＮＨＫ朝の連続テレビ小説「ひよっこ」の語りも務めた。

STAFF

装幀・本文デザイン：出口 城
編集：永田一周
編集協力：滝川哲也　手塚美奈子
協力・写真提供：玉名市役所金栗四三PR室
写真提供：和水町商工観光課

復刻新装版《ふっこくしんそうばん》 ランニング

2019年4月10日　初版発行

著　者：金栗四三・増田明美
発行者：松永　努
発行所：株式会社時事通信出版局
発　売：株式会社時事通信社
〒104-8178　東京都中央区銀座5-15-8
電話03(5565)2155　https://bookpub.jiji.com/

印刷／製本　中央精版印刷株式会社

ISBN978-4-7887-1607-0 C0095 Printed in Japan